U0085231

思想觀念的帶動者
文化現象的觀察者
本土經驗的整理者
生命故事的關懷者

{ PsychoAlchemy }

啟程，踏上屬於自己的英雄之旅
外在風景的迷離，內在視野的印記
回眸之間，哲學與心理學迎面碰撞
一次自我與心靈的深層交鋒

HE: SHE:

Understanding
Masculine Psychology,
revised edition;

Understanding
Feminine Psychology,
revised edition

他與她

從榮格觀點探索
男性與女性的內在旅程

羅伯特・強森———著　　徐曉珮———譯

Robert A. Johnson

他與她 ——————————————————— |目次|
從榮格觀點探索男性與女性的內在旅程
HE: SHE:
Understanding   *Understanding*
Masculine Psychology,   *Feminine Psychology,*
revised edition   *revised edition*

他與她：從榮格觀點探索男性與女性的內在旅程

英雄活在了你的心底，
而你活出了自己的故事

鐘穎（諮商心理師）

　　你尋找的救贖都在故事裡，而神話則是當中最古老、最動人的。

　　我們的一生是走向獨立，而後回歸完整的冒險，這樣的過程在深度心理學裡被簡要地稱為「個體化」。說它簡要，但過程卻是人人各異，總要歷經百轉千迴方能來到「見山還是山，見水還是水」的境界。而神話故事則是幫助我們理解這段過程的一種方式。

　　有多少的故事在人類的歷史中被創造，也就幾乎有多少故事在人類的歷史中被遺忘。而那些能夠被記得、被傳唱的古老故事必定符合了我們心靈深度的某些需求，否則我們難以解釋何以它能抵抗時間的流逝，持續地在我們生命裡發酵。傳說、詩歌、童話、與神話因此在深度心理學中被視為能夠穿透並解讀人類心靈的文本，受到極大的重視。

　　知名的榮格治療師羅伯特・強森就曾分別使用三個不同的神話來解讀男性、女性、與兩性的親密關係，在榮格圈裡一直

頗受重視。而本書的內容就含括了當中的兩則：他與她。

聖杯傳說起源於中世紀，它的故事披著基督教文明的外衣，墊基在凱爾特文化上發展起來，從而成為貫穿了西方新舊精神的重要神話。男主角帕西法爾命中註定要去尋訪聖杯，並對受傷的漁夫王提出可以為他帶來療癒的聖杯問題：「誰才是聖杯的主人？」然而年輕無知的帕西法爾卻保持了沈默，直到離開聖杯城堡。當中的原因為何？此處我且不說破，留待讀者細讀本書。此處可以注意的是，這個問題的答案是什麼？

漁夫，海中的垂釣者，他象徵著在潛意識汪洋中尋求心理資源與創造力的人，而國王則是我們內心真正的統治者。用心理學的話來說，帕西法爾的冒險表面上雖然指涉著向外的追尋，其目的卻是為了使內在的神聖國王被療癒。而我們又要如何才能療癒內心受了傷的國王呢？我們後面再談。

丘比德（或是本書使用的艾洛斯）與賽姬故事則源於羅馬神話，詩人用詼諧的口吻描述了人間美女賽姬曲折離奇的婚姻故事，她受到愛與美的女神阿芙洛黛蒂的詛咒，一度得嫁給人間最糟糕的男人，沒想愛神之子丘比德卻愛上了賽姬，兩人過著隱密卻歡快的戀愛生活。丘比德使自己與妻子都處於黑暗中，他要賽姬全然地信任他，要她不要理睬和聯繫兩位姐姐。然而賽姬卻像每個在婚姻中感到失望的女性那樣，最終拿起了油燈與利刃照亮了這無明的快樂，就此婚姻破碎，她的成長之

路也正式開始。

女性絕不是男人的附屬，她的個體化歷程更非男性版本的複製品。為了重新尋回她的伴侶，她必須勇敢地面對內心那個原始且黑暗的成熟女性，亦即阿芙洛黛蒂。在與女神，也就是賽姬的婆婆交手的過程裡，年輕的賽姬終於逐漸茁壯起來，同時學會了與男性價值觀迥異的方法取回個人生命的主導權。

很有意思的是，賽姬在最後一個任務即將完成前竟然無法抵擋冥界美容霜的吸引力，想要偷偷打開來使用，結果使她陷入了死亡般的睡眠，功敗垂成。然而卻是這場戰役的失敗，使她贏了整場婆媳與人神對抗的戰爭。她以此舉宣告她認同了自身的女性面向，作為一個人，她選擇屈服於自己的好奇心。丘比德終於醒悟，掙脫了母親的束縛，向天界統治者宙斯尋求協助，賽姬因此被封神。

這是一則女性勇敢追尋自我，而後拯救了男性的故事。事實上，在親密關係遭遇危機時，扮演拯救者的往往都是女性，不論男性在當中採取的是置之不理或逃避、面對的態度都一樣。神話驚人地指出了這個臨床上的事實。

回到男性身上，男性個體化路上的諸般奮鬥無不是為了向內心受傷的漁夫王致敬。如果要援救漁夫王，男性就得在進入聖杯城堡後，問出那個關鍵的問題：「誰才是聖杯的主人？」答案是：「你，漁夫王！」當我們願意禮敬內在神聖的那一

刻，漁夫王就獲得了治療，從而使「自我」也獲得了與外界和解的機會。

　　自我與漁夫王的接觸，以及前者對後者的崇敬之情，才是療癒整體人格的關鍵。因此不論男女，成長的目的都是為了整合，不論是他還是她，在時間長河的掏洗下，神話匯聚了人類心靈的結晶。它的劇情、主支線任務、登場角色，無不是你我內心的一份子。

　　閱讀它，我們就閱讀了自己。在為男女英雄的成就欽羨讚嘆的時候，你也就對自己面對的人生疑難產生了信心，英雄活在了你的心底，而你活出了自己的故事。

致謝 [1]

　　感謝葛琳達・泰勒與海倫・梅西花費大把心神精力，謄寫、加註、編輯、打字，將演講錄音檔轉錄成文字，成為本書的初版。感謝聖地牙哥聖保祿區的大家，貢獻了許多經驗，讓本書更加進化。感謝許多讀者與朋友給予我鼓勵與靈感，讓本書得以改版。

1　編註：此致謝是針對本書第二部〈她〉所寫。

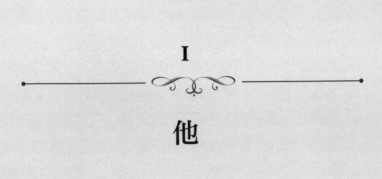

I

他

他與她─────────────────────────│第一章│
從榮格觀點探索男性與女性的內在旅程
HE: SHE:
Understanding   *Understanding*
Masculine Psychology,   *Feminine Psychology,*
revised edition   *revised edition*

導論

通常來說，歷史展開一個新的時代，新的神話也會同時興起。神話預告了人們即將迎接怎樣的時代，對於如何處理這個時代的心理元素，也有著充滿智慧的建議。

　　在帕西法爾（Parsifal）追尋聖杯的神話中，我們也能找到現代社會適用的處方。聖杯神話在十二世紀時興起，剛好就是許多人認為現代社會開始形成的時候。如今我們生活中的許多想法、態度與概念，都源自於聖杯神話初初成型的年代，那麼我們可以說十二世紀的微風，變成了二十世紀的旋風。

　　聖杯神話的主題在十二、十三和十四世紀十分普遍。我們使用最早寫成的法文版本，也就是克雷蒂安·德·特魯瓦（Chrétien de Troyes）的長篇詩作，另外還有沃爾夫拉姆·馮·艾森巴哈（Wolfram von Eschenbach）的德文版本。至於英文版本，湯瑪斯·馬洛里（Thomas Malory）的《亞瑟王之死》（*Le Morte Darthur*），則是寫於十四世紀，但那時故事已經延伸變形太多。法文版本較為簡單直接，更接近無意識，因此較符合我們的討論目的。

　　必須記住的是，神話是具有生命的實體，存在於每個人心中。若能看見神話在我們內在運作的事實，就能夠理解神話真實而具有生命的形式。我們能夠體會到最有價值的神話經驗，就是看到神話在自己的心理架構中運行作用。

　　聖杯神話討論的是男性心理學，但不代表只針對男性，女

性內在的陽剛特質也同樣適用，雖然影響沒有那麼大。我們必須把神話中出現的所有元素都看成自己的一部分。我們必須面對一群艷麗動人的少女，但也要把她們看做內在陽剛特質的一部分。女性一樣會對聖杯神話的祕密感到興趣，因為每一位女性都需要與不同於自己的男性生物相處，不管是父親、丈夫或兒子。同時，女性其實與聖杯神話也有相當直接的關係，因為女性的內在一樣擁有陽剛特質。尤其是現代職業女性更加活躍於男性世界中，陽剛特質的發展對她們愈形重要。女性的陽剛特質或男性的陰柔特質，比我們想像的要更貼近自己。聖杯神話提供的觀點，在現代社會中能夠發揮即時且實際的效用。

他與她─────────────────────── │第二章│
從榮格觀點探索男性與女性的內在旅程
HE: SHE:
Understanding   *Understanding*
Masculine Psychology, *Feminine Psychology,*
revised edition   *revised edition*

漁夫王

故事從聖杯城堡的大麻煩開始。城堡的主人漁夫王受傷了，傷勢十分嚴重，危及性命，但卻又無法死去。漁夫王痛苦地呻吟、喊叫，止不住地疼痛。因為從內在神話層次或是外在物質世界的角度來看，土地反映出的就是國王的狀態，因此大地一片荒蕪，牛隻不再繁衍，作物停止生長，騎士遭到殺害，孩童成為孤兒，少女不斷啜泣，到處都聽得到悲痛的嘆息，全是因為漁夫王受了傷。

　　王國是否興盛，仰賴統治者的精力或力量，這種想法十分普遍，未開化的人民更是深信不已。世界上一些原始地方的王國，仍有在國王失去生育能力後將之殺害的習俗。殺害國王的儀式，可能緩慢，也可能殘暴，總之大家的想法是，如果國王變虛弱了，王國就不會昌盛。

　　聖杯城堡陷入了麻煩的境地，因為漁夫王受傷了。依照神話所述，多年前，在漁夫王還是少年的時候，來到一處空無一人的營地，但營火上烤了一隻鮭魚。漁夫王餓了，看到鮭魚烤得正香，於是用手捏了一塊，魚肉燙到他立即把鮭魚甩到地上，立刻含住手指降溫，於是嘴裡也吃到了一點鮭魚肉，這就是漁夫王受傷的原因，在大多數的現代心理學中因此使用這個名稱來指涉這位統治者。八百多年前的神話所產生的心理與文化意涵，一路延續傳承到現代受苦的男性身上。

　　故事的另一個版本是，一天，年輕的漁夫王思春難耐，

於是外出尋求消解欲火的方法。另一名穆斯林的異教徒騎士，則是因為真十字架在自己面前顯現，出發找尋心中的解答。兩人在路上相遇，就和真正的騎士一樣，放下面罩，壓低長矛，朝對方衝去。電光一閃，異教徒騎士被殺，漁夫王大腿受了重傷，也因此讓王國遭難多年。

這是怎樣的一幅景象！天啟神視的騎士與縱情施欲的騎士衝突交戰。突然遭遇靈視觸動的直覺與天性，與遭遇直覺與天性啟發的純潔靈魂，一觸即發。就在這一場嚴酷考驗中，發生了最高層次的演化，抑或是造成心理崩毀的致命衝突。

這場衝突代表的意涵讓我感到不寒而慄，因為人類欲望的天性就此毀滅，基督教的神視也遭受嚴重創傷。現代男性終其一生幾乎無法迴避這樣的衝突，還可能必須面對故事中提到的悲慘狀態。熱情因此扼殺，靈視也受到重創。

聖喬治與龍的故事，源自於十字軍東征時代的波斯神話，也是討論相同的主題。在與龍的格鬥中，聖喬治與坐騎，還有惡龍都受了重傷，性命垂危。原本應該就這樣死去，意外地，一隻鳥嘴裡啄了樹上的一顆柳橙（有一說是萊姆），一滴復活的汁液就這樣落入躺在樹下的聖喬治口中。聖喬治起身，擠出復活的汁液滴入坐騎的嘴，讓牠復活，但沒有讓龍復活。

受傷的漁夫王這個象徵，還有很多面向可以討論。鮭魚，或廣義的魚，是基督的許多象徵之一。在漁夫王與烤鮭魚的故

事中，少年漁夫王觸碰到內心基督神性的一部分，但動作太快了，他因為鮭魚太燙當下立即甩開，無預警地受了傷。不過手指上那一點點魚的味道入了口，成為他永難忘懷的經驗，之後則成為自身救贖的經驗，但在第一次相遇時卻是傷害，讓他成為受傷的漁夫王。青少年與意識的第一次接觸，通常會以傷害或苦難的方式呈現。帕西法爾透過一點點的鮭魚，經歷了自己的伊甸園體驗。這樣的苦難一直伴隨著他，直到多年後獲得救贖與啟發。

　　大部分的西方男性都是漁夫王。每個男孩都曾天真地衝撞到對於自己來說過於龐大無法處理的事物，在發展自己陽剛面的過程中，因為過於燙手而甩開。此時通常心中會因此升起一股苦澀，就和漁夫王一樣，無法與自己觸及的新意識共存，卻又不能完全捨棄。

　　每個青少年都會獲得自己的漁夫王創傷。如果沒有受傷，就永遠無法進入意識狀態。教會稱這種創傷為「幸運的墮落」（felix culpa），愉悅的過錯帶領我們進入救贖的過程。這就是離開伊甸園，從天真的意識畢業，進入自我意識階段。

　　看著年輕人發現世界並不完全充滿喜悅與幸福，看著童稚的美麗、信念與樂觀崩毀，其實是痛苦的事。這當然令人悔恨，卻又是必經之路，如果我們沒有被逐出伊甸園，就不會擁有新耶路撒冷。天主教神聖週六的夜彌撒會唱到這美麗的句

子：「喔，幸運的過錯是為了光輝的救贖而存在。」

　　漁夫王的創傷可能與某個特殊或不公的事件吻合，例如遭到控訴做了一件其實不是自己做的事。榮格的自傳中曾經記述一個事件：有一次，教授評論班上同學的報告，逐一點出優點，但完全沒有提及榮格的報告。最後教授說：「有一篇是我看過寫得最好的報告，但很明顯全是抄襲。如果我能找出他抄襲的那本書，一定會讓這個學生退學。」榮格費盡心力寫出這篇報告，完全是自己的創見。自此之後，他不再相信這位教授，也不相信整個學校體制。這是榮格的漁夫王創傷。

進化的階段

　　從傳統心理學的角度來看，男性的心理發展可以分成三個階段。原型的模式，是從無意識的完美童年，進入有意識的不完美壯年，再進入有意識的完美老年。我們從一個天真的整體，也就是內在與外在世界合一的狀態，來到內在與外在有著區分與差異，並伴隨著生命二元性的狀態，最後來到啟發階段，也就是內在與外在有意識地和解，再度形成和諧的整體。

⌒

　　我們看到漁夫王從第一階段進入第二階段的發展。在沒有完成第二階段之前，沒有人能夠討論最後一個階段。除非已

經覺察到宇宙的二元區分性，才能夠進一步討論宇宙的合一性。我們能夠透過各種心智訓練的方法，討論世界的合一性。但是，除非我們成功地區分了內在與外在世界，否則沒有機會真正以這樣的方式運作。我們必須離開伊甸園，才能展開前往新耶路撒冷的旅程。很諷刺的是，這兩個地方其實是同一個地方，但我們必須繞那麼一大圈。

男性踏出伊甸園，進入二元世界的第一步，就是承受漁夫王創傷：疏離與苦難的經驗帶領他進入初步的意識階段。神話告訴我們，漁夫王是傷在大腿。你可能記得聖經故事裡，雅各和天使摔角也傷了大腿。接觸了超越人類的事物，不管是天使，或是以魚的型態顯現的基督，都會造成嚴重的創傷，不斷吶喊著需要救贖。大腿受傷代表男性的生育力與發展關係的能力受損。故事的其中一個版本說漁夫王受的是箭傷，一箭穿刺了兩顆睪丸，穿不過去也拔不出來。漁夫王在這個版本中同樣是危及性命卻又無法死去。

∽

許多現代文學的主題都環繞著英雄的失落與疏離。更有甚者，走在街上，我們可以看到幾乎每個人臉上都掛著疏離感——漁夫王創傷是現代男性的標誌。

我想，這個世界上的女性一定都有過這樣的經驗：看到男性因為自己的漁夫王創傷而苦惱折磨時，卻只能默默地在一旁

觀看。她甚至會在男性覺察到之前，就發現對方正在受苦，受傷與不完整的氛圍環繞在他四周。遭受這種折磨的男性，通常會做出愚蠢的舉動，想要治療傷口，緩和心中的絕望。他多半會無意識地尋求外於自身的解決辦法，抱怨工作、婚姻，或是在這個世界上的地位。

漁夫王躺在擔架上，痛苦地呻吟喊叫，讓人抬著到處走。只有在他釣魚的時候才能獲得喘息。這就是說，代表意識的創傷，只有受傷的人進行內在工作，處理年少時不經意造成這個傷口的意識層面課題時，才能獲得緩解。我們很快就可以看到，與釣魚的密切關聯在故事中扮演著至關重大的角色。

ᔓ

漁夫王在聖杯城堡中管轄他的宮殿，而聖杯城堡就是保管耶穌最後晚餐聖杯的地方。神話告訴我們，統治我們內心最深處宮殿的國王，會決定宮殿的調性與個性，也因此決定了我們整個人生。如果國王健康，我們就健康；如果內在的感覺正確，外在也會順利。受傷的漁夫王管轄著現代西方男性的內在宮殿，因此我們也可以推知外在一定充滿著苦難與疏離。的確如此：王國不再興盛，收成貧弱衰敗，少女悲傷不已，孩童失去倚仗。這段文字栩栩如生地傳達出受傷的原型支柱如何在人們外在生活問題中呈現自己的樣貌。

內在愚者

　　每天晚上，聖杯城堡內都會舉行莊嚴的儀式。漁夫王躺在擔架上，一面承受著肉體的痛苦，一面看著絕美華麗的行列走進來：一名美麗的少女，帶來刺穿十字架上耶穌基督的聖槍；一名少女，帶來最後晚餐盛裝麵包的盤子；一名少女，手捧著從內裡投射出金光的聖杯。在場的每個人都分得了聖杯中的酒，在尚未說出願望時，就明白了內心最深切的渴望。也就是說，除了受傷的漁夫王不能飲用聖杯中的酒之外，在場每個人都可以喝。這真的是世上最嚴厲的剝奪：眼睜睜看著美麗與神聖的本質在自己面前，卻被隔絕於外，可說是最殘酷的折磨。除了聖杯王之外，所有人都飲用了聖杯中的酒。所有人都意識到自己內在中心存在著剝奪感，因為他們的國王無法飲用聖杯中的酒。

　　我記得自己曾經有過類似這樣被美麗的本質拒絕的經驗。許多年前，在某次回老家和父母一起過聖誕的途中，我感到自己在這個世界上特別孤獨且格格不入。返鄉的路上經過舊金山，我駐足在最愛的慈恩堂前。當晚正好演出韓德爾的《彌賽亞》，我於是留下來打算欣賞這齣偉大的作品。再也沒有什麼場所比起這座宏偉的教堂，更適合搭配高級的管風琴與傑出的合唱團員演出了。但是開演後幾分鐘，我覺得心情差到必須離

開現場。這時我才明白，自己根本無法追求美麗或快樂，因為即使美的事物唾手可及，一旦無法融入參與，也是徒勞。沒有比發現自己創造愛、美或快樂的能力不足，更令人害怕、痛苦的事了。如果內在能力遭到破壞，外在再怎麼努力也沒用，這就是漁夫王的創傷。

∽

不知道有多少次，女人這麼對男人說：「看看你擁有的一切：這輩子至今最好的工作，我們收入從來沒這麼高過，還有兩台車，週末可以放兩天，甚至三天的假，你為什麼還不開心？聖杯就在手上，你為什麼不開心？」

男人說不出口：「因為我是受傷的漁夫王，無法觸及任何一丁點的快樂。」

∽

真正的神話會告訴我們故事中描述的困境該如何解決。聖杯神話對於現今苦痛的本質有著深刻的討論，並用十分奇特的語言給出了解方。

宮廷愚者（高級的宮殿有愚者常駐）很久以前便預言，等到一個全然天真的愚者來到宮殿，問出一個特定的問題，就能讓漁夫王痊癒。竟然是愚者來回應我們最痛苦的創傷！這實在令人驚訝，但其實自古以來的傳統都是如此。許多傳說會讓愚者或是最不可能擁有療癒力量的人，提供醫治創傷的方法。

神話告訴我們，人類的天真能夠安撫、治癒漁夫王的創傷。故事內容暗示，想要痊癒的話，就必須尋找出跟受傷時相同年齡、相同心態的內在部分。這也說明了漁夫王為什麼不能治好自己，又為什麼在釣魚時痛苦能夠緩解，但卻無法根除。對男性來說，要獲得真正的療癒，必須讓和自己完全不同的事物進入意識中，並改變自己；若他停留在漁夫王原有的心智狀態，就無法治癒創傷。這也就是為什麼男性自身屬於年輕愚者的那部份必須進入漁夫王的生命，才能治癒創傷。

　　在我的諮商室，如果我開出對個案來說很奇怪或很困難的處方，他會對著我大吼：「你以為我是誰？笨蛋嗎？」而我會說：「可是這會有幫助。」我們必須了解到自己的渺小，才能獲得救治。

　　男性必須承認自己擁有愚蠢、天真、不成熟的部分，才能治癒自己。內在的愚者是唯一能夠碰觸到漁夫王創傷的人。

他與她─────────────────────│第三章│
從榮格觀點探索男性與女性的內在旅程
HE: SHE:
Understanding   *Understanding*
Masculine Psychology,   *Feminine Psychology,*
revised edition   *revised edition*

帕西法爾

現在要從漁夫王與創傷的故事，來到一個渺小到沒有名字的男孩的故事。這個男孩出生於威爾斯，當時在地理上屬於文明世界的邊陲，也是文化的沙漠，是最不可能出現英雄的地方。但這也讓我們想到另一個出生在不可能的地方的英雄。拿撒勒（Nazareth）哪能出產什麼好東西？誰能想像威爾斯居然能夠讓我們得到痛苦的解方？神話告訴我們，救贖來自最不可能的地方。這也再次提醒我們，讓漁夫王的難治創傷獲得救贖的過程，會讓我們了解到自己的低下渺小（a humbling experience）。英文的「humble」（低下），源自於「humus」，意思是土地、陰性、未開化。這也讓我們想到聖經裡的訓示：「你們若不變成小孩子的樣式，斷不得進天國。」

　　榮格透過人格類型觀察到，只要是受過教育的人，在情感、思考、感知與直覺四大功能中，一定有一項較為優勢，因此形成人格類型。同時，心理學一樣會探討到相對較為弱勢的功能。優勢功能創造了人生中大部分的高度價值，以及人格力量發展較快的部分，同時也造成我們的漁夫王創傷。弱勢的功能是最不受演化區分影響的部分，能夠療癒我們的創傷，所以來自威爾斯的天真愚者，能夠治癒漁夫王。

　　這個男孩出身低下，一開始的時候甚至沒有名字。後來我們知道他的名字叫做天真的愚者帕西法爾。這個名字還有更深

的意涵，代表著把相反對立的事物合在一起，也預告了男孩將會扮演的治療角色，類似中文的「道」。

榮格曾經描述一個狀況，迫使他只能仰賴自己的弱勢能力。當時，榮格和佛洛伊德對無意識的本質起了爭論。佛洛伊德認為，無意識集合了人格所有的弱勢元素以及人生中沒有價值的部分。榮格則堅持無意識也是矩陣，會自動湧出各式各樣的創意。佛洛伊德不覺得如此，因此兩人產生了歧異。對於榮格來說，那實在驚恐之極的發展，因為他年輕又沒有經驗，也還沒建立起自己的聲望。看起來他的事業連開始都談不上就要胎死腹中了。

榮格知道該到哪裡尋求治療這個嚴重創傷的方法，那就是自己的內心世界。他把自己鎖在房間裡，等待無意識到來。很快地，榮格坐到地上玩起幼稚的遊戲。他回想起童年時的天馬行空，很快就佔滿了他全副的注意力。接下來幾個月，他每天都在私密的幻想世界中辛勤工作，在後院搭建石製的村莊、城鎮與碉堡。他用小男孩的心態幻想這一切，信任自己孩子氣的經驗，而這就是集體無意識最初的流洩，也是榮格心理學派留給後人的禮物。偉人願意卑微（腳踏實地）地相信自己的帕西法爾能夠提供解方。

帕西法爾（我們可以這樣稱呼，雖然要到故事後面男孩才會得到這個名字）是由母親扶養長大，她的名字叫做心痛。他

對已經過世的父親一無所知，也沒有任何兄弟姊妹。神話中，救贖的英雄通常沒有父親、出身低下而孤獨。

帕西法爾在質樸的農家環境中成長，衣著簡陋，不知學校為何物，也不懂如何發問，沒有受過任何教育。

有一天，剛步入青春期的帕西法爾在外頭遊玩，遇見五名騎士騎著馬經過，身穿金紅相間的華服，佩帶盔甲、盾牌、長矛，全副武裝。他們閃亮的外表讓帕西法爾無法直視，他衝回家告訴母親說他遇見了五位天神。他深深著迷於如此華麗的景象，決定馬上出發加入這五名厲害人士的行列。

他的母親發現無法阻止兒子依循父親腳步之後，不禁大哭出來。帕西法爾的父親是一位騎士，因為誤判形勢而遭到殺害。母親用盡辦法不讓帕西法爾知道自己的身世，但沒有任何母親能夠在兒子體內繼承的血液開始騷動時，還能阻止他去冒險。

於是心痛（只要是身為母親，在這種時候絕對是這樣的心情）告訴帕西法爾，他的父親是一名騎士，為了拯救一位美麗的少女而死。兩個哥哥也是騎士，也遭殺害。心痛帶著帕西法爾來到偏遠的地方，將他扶養長大，希望能夠遠離與父兄相似的命運。

心痛祝福帕西法爾，讓他離開自己保護的羽翼。她忍不住在兒子出發時給予叮嚀：尊重美麗的少女，不要問太多問題，

並送兒子一件自己手織的長袍。這兩樣禮物是母親賜予兒子的傳承，會反覆出現在整個故事中，並在接下來許多複雜的狀況下發揮作用。

帕西法爾的旅程

帕西法爾開心地出發尋找那五名騎士，做為一個男性開展他的事業。

帕西法爾詢問路上遇到的每個人：「那五名騎士在哪裡？」我們可以看到，少年在尋找五名騎士的過程中，目光所透露出的疑問：「它在哪裡？」這個「它」的定義一直相當模糊。少年第一次窺得生命中「五」這個形式的意義與價值，花費了大部分的成年時光追尋擁有這項特質的經驗。「五」這個數字代表了生命的完整，也是「精髓」（quintessence）一詞的字根，第五元素。「五」象徵著完整。到處都可以看見「五」這個數字，但很難加以描述，所以也不存在於任何地方。讓一個十六歲的男孩窺探到完整的樣貌，並促使他邁向追尋這項特質的旅程，其實有點殘忍，但這就是真正的靈性生命所需要的動力。

在冒險與追尋的路上，帕西法爾發現一處帳篷，他在簡陋的小木屋中長大，從來沒有看過帳篷。這個帳篷是他見過最華

麗壯觀的地方，因此他覺得自己應該是來到了母親在故事中曾敘述過的神聖大教堂。帕西法爾衝進帳篷裡想要朝拜，在裡面看到一位美麗的少女。這只是開端，帕西法爾往後還會遇到許許多多光彩耀眼卻又令人捉摸不清的美麗少女。

帕西法爾記得母親的叮嚀，要尊重女性，也記得不要問太多問題。所以他珍惜地懷抱少女，取下她手上的戒指做為護身符。這個戒指將指引他接下來的人生。

你看過初次約會的少年嗎？他永遠都是那個第一次笨拙地闖入美麗少女帳篷的帕西法爾。

帕西法爾的母親告訴他，在神的教堂中，能夠得到所有的滋養，得到所有生命需要的食物。而他在帳篷裡看到了一整桌豐富的宴席。少女正等待追求著自己、自己也十分心儀的騎士到來，因此盡其所能地準備了豪華的饗宴。但在帕西法爾的眼中，是預言的完全應驗。這裡是神的殿堂，有著美麗的少女，還有所有他想吃的食物。一切都符合母親所說的話。帕西法爾在餐桌邊坐下吃了起來，覺得人生真是美好。

就在這個時候，少女發現帳篷裡有個特別而不凡的人。她並不感到生氣，因為這個人看起來非常聖潔、質樸，而且毫無偽裝。她拜託帕西法爾立刻離開，因為如果心儀的騎士看到帕西法爾在帳篷裡，一定會殺了他。

帕西法爾聽從少女的話，離開了帳篷。他發現人生就和母

他與她：從榮格觀點探索男性與女性的內在旅程

親告訴他的一樣美好。

紅騎士

　　帕西法爾只要逢人便問如何成為一名騎士。大家告訴他要去亞瑟王的宮殿，只要他夠強壯、夠勇敢，就能夠獲得亞瑟王的冊封。

　　他找到前往亞瑟王宮殿的路，因為天真的態度、簡陋的手織長袍，以及詢問如何能冊封為騎士的魯莽，讓人嘲笑轟出大廳。大家告訴他，騎士身分十分嚴苛，只有在完成許多勇敢高貴的任務之後，才能獲得冊封騎士的榮耀。帕西法爾不斷地請人幫忙，最後終於被帶到亞瑟王本人面前。亞瑟王非常親切，非但沒有責備帕西法爾，還告訴他，在獲得騎士冊封之前，必須學習很多不同的事物，精通騎士格鬥的所有技巧，還有各式宮廷禮儀。

　　亞瑟王的宮殿中，有一名已經六年沒有發出笑聲或微笑的少女。宮殿裡傳說，當這個世界上最優秀的騎士出現，六年來不曾微笑過的少女就會大笑出聲。這名少女一看到帕西法爾就開心地笑了。宮殿裡所有人深受震撼，顯然世界上最優秀的騎士出現了！這個穿著簡陋手織長袍的天真年輕人，沒有受過任何教育，但少女卻大笑出聲。太神奇了！

直到帕西法爾的陽剛部分出現之前，陰柔部分的特質從來沒有笑過，沒有快樂的能力，所以少女才會在看到帕西法爾的時候，開心地大笑出聲。如果能夠喚醒男人內在的帕西法爾，那麼另一個內在特質也會變得開心。大家看到原本面無表情的少女笑了，於是對帕西法爾多了幾分敬重，而亞瑟王更是當場就冊封他為騎士！

　　我最近也有過類似的經驗。一名個案哭著來到我的診間，身陷人生的黑暗之中。和他溝通十分困難，因為他除了人生的恐懼之外，什麼都看不見。於是我講了許多古老的故事給他聽，希望他能投入這些情節當中。我引領出他內在的帕西法爾，找到他天真無邪的特質。很快地他笑出聲來，內在那個六年來不知喜悅為何物的少女也破繭而出。然後他有了能量與勇氣，並將之帶入自己毫無樂趣的生活。男性內在的帕西法爾經喚醒後，他體內能夠匯聚能量，讓他再度啟動。

　　帕西法爾來到亞瑟王面前說：「我有個請求，希望能得到紅騎士的坐騎與盔甲。」大家哄堂大笑，因為亞瑟王的宮殿裡從來沒有任何騎士能強到與紅騎士匹敵。亞瑟王也笑了，說：「你得到我的允許，可以擁有紅騎士的坐騎與盔甲，只要你能拿到手。」

　　帕西法爾離開亞瑟王的宮殿，就在大門口遇見紅騎士。神奇的紅騎士強到可以隨心所欲，無所畏懼，因為宮殿裡沒有任

何人能與他作對。他奪走了銀色的聖杯，也沒有人能夠阻止。紅騎士的最後一擊，就是往關妮薇王后臉上砸了一壺酒。

帕西法爾覺得紅騎士的紅盔甲與血紅上衣、坐騎身上的裝飾，還有所有的騎士裝備，都非常耀眼。帕西法爾擋下紅騎士，開口跟他要盔甲。紅騎士饒富興味地看著面前這位愚蠢的年輕人，哈哈笑說：「好啊，只要你能拿到手。」

兩人依照騎士決鬥時的習慣，擺好架式準備迎戰。不過一兩招，帕西法爾便被悽慘地打倒在地。但倒在地上的他往紅騎士身上扔去匕首，正中對方眼睛要害。這是帕西法爾唯一的一次殺人經驗，象徵著年輕人發展中非常重要的部分。埃絲特‧哈汀（Esther Harding）在《心靈能量》（*Psychic Energy*）一書中，用相當的篇幅討論心靈能量的演化，也就是從直覺階段進入自我控制能量階段。帕西法爾殺了紅騎士的那一刻，便從紅騎士身上獲得非常大的一股能量，換句話說，就是將直覺的能量轉移到自己身上，變成自我的能量。我們可以說，這就是帕西法爾從男孩轉變成男人的時刻。進一步的發展，就是他重新定位這股能量，從自我轉移到真我，或是將人格重心轉移到比個人生命更為偉大的事物上。但這是神話中很後面才會發生的情節。

帕西法爾一生打敗過許多騎士，但沒有人死在他手中。在打敗對方後，他只要求這些騎士必須前往亞瑟王的宮殿，宣誓

效忠這位尊貴的國王。這是一個男性處於中年階段所經歷的文化過程：在征服一個又一個的能量中心後，將這些能量中心置於尊貴國王的管轄之下。這就是男性生命邁向崇高的過程，也是事業發展中段的最高成就。

紅騎士的死亡沒有後續的解釋。值得思考的是，如果紅騎士沒有遭到殺害，而是被要求對亞瑟王效忠的話，會對西方文化產生什麼影響。有一篇針對印度文化教導的研究，提供了處理我們體內紅騎士能量的另一種方法。這些教導告訴我們，可以降低生命中善惡二元對立的狀況，進而減弱紅騎士的力量，而不是去扼殺這股充滿活力的特質，將之依附在自我之下。但西方的處理方式，是踏上英雄式的道路加以抹滅，不管是殺害或打敗，並尋求勝利。

戰勝紅騎士，可能發生在年輕人的內在生命，或是外在生命，兩者皆會發生。如果他像大部分人一樣，依循外在生命的道路，他必須克服某項艱鉅的障礙。許多戰勝紅騎士的狀況，發生在球類比賽或是耐力競技，或是在其他類似場合贏得勝利。

生命其中一個苦澀的面向是，勝利通常建築在另一個人的損失上。也許這就是紅騎士被殺代表的意義。看到敗者的失落，勝利品嘗起來格外甜美。這也許是雄性基因的傳承，也許是未來能夠被超越的演化階段。但是目前，戰勝紅騎士既殘酷

又血腥。

戰勝紅騎士也可以發生在內在面向。男孩克服了自身粗野魯莽的能量，制止了心中的暴力或取巧說謊傾向，這在從男孩轉變成男人的過渡中會同時發揮作用。對於社會文化中個性內向的人來說，就和母語一樣自然。

如果與紅騎士的決鬥失敗了，不管是內在或外在，這股能量都會在人格中流竄，外顯成惡棍、暴徒或是憤怒的年輕人；也會以遭受暴力與挫敗的膽怯人格呈現。

紅騎士是男性特質的陰影面，是先天具有毀滅性的負面力量。要真正成為男人，就必須與陰影特質對抗，但又不能完全抑制。男孩不能壓抑自己的攻擊性，因為他需要紅騎士陰影的陽剛力量，讓他在成人的世界中存活下去。

帕西法爾現在擁有紅騎士的盔甲與坐騎，在那個時代，所謂的征服就是佔有。也就是說，紅騎士的能量現在受到帕西法爾的掌控，可以為他所用。

他想要穿上紅騎士厲害的盔甲，但是從來沒有看過這麼複雜的扣環，所以不知道該怎麼穿上。一名侍童從亞瑟王的宮殿跑出來，想知道決鬥結果，順便幫忙帕西法爾解開扣環的祕密，以及了解騎士精神的複雜規定。侍童催促帕西法爾把身上簡陋的手織長袍脫下，因為實在與騎士的身分不搭。但是帕西法爾拒絕了，緊抓著這件母親送給他的連身長袍。這個情節之

後還會出現非常多次，我們需要用盡全力理解，緊抓著母親手織的長袍究竟具有什麼意涵。帕西法爾把盔甲穿在手織長袍的外頭，騎著馬離開。有哪個男孩不會把新得到的騎士身分，拿來掩飾自己的戀母情結呢？在一個有戀母情結的男性身上，嚴峻的騎士精神很難好好發揮。另一個難解的謎團就是，雖然帕西法爾騎著馬出發了，但沒有人教他如何讓馬停下來。他騎著馬一整天，直到人和馬完全累壞了才停下。你有沒有過這樣的經驗：年輕時進行的專案，開始時非常容易，但要收尾卻非常困難？

古納蒙

接著帕西法爾遇見教父古納蒙。在男孩轉變成男人的階段，能遇到教父真是上天的恩賜！親生父親在兒子進入青春期時，可能已經失去氣力，或者親子間的對話變得單薄。兒子在還無法獨立的狀態下，又因太過桀驁不馴，不想和父親討論私密話題。現代家庭很少如此，父親和青春期的兒子之間還是維持某種親密度。當父親無法繼續與青春期兒子連結時，少年需要教父，一個能繼續教導他的男性的指引。古納蒙代表教父的原型，他花了一年的時間訓練帕西法爾各式各樣與騎士精神相關的事物。

古納蒙傳授帕西法爾許多關於成年男性非常重要的資訊，例如絕不誘惑美麗的少女，也不為對方所誘惑，還要全心全力尋找聖杯城堡。帕西法爾來到聖杯城堡時，必須問出這個問題：「究竟誰是聖杯的主人？」如果不是為了崇高的目標，騎士精神有何價值？古納蒙教導的這兩件事都很值得討論，我們很快就會在故事中發現它們的作用。

訓練完成後，帕西法爾突然想起自己的母親，於是想要回鄉探望。也許我們就只能夠承受這麼多的陽性能量，現在必須再度與母親陰性能量連結。

帕西法爾回頭尋找母親，結果發現在自己離開之後不久，母親便心碎而死。我們應該記得，帕西法爾的母親叫做心痛，這是屬於母性特質的一部分。母親的死當然讓帕西法爾非常有罪惡感，但這也是男性特質發展的一部分。兒子需要以某種方式背離母親，不然就無法成為男人。如果他一直和母親在一起，安慰她、保護她，就會永遠停留在戀母情結的階段。母親通常會盡其所能想要留住兒子。要求兒子對自己完全忠誠是最微妙的一個方式之一。但如果兒子完全臣服於母親，那麼她會發現兒子在男性特質上有著嚴重缺陷。兒子必須離開母親出發，就算這看起來是一種背離，母親仍必須承受這種痛苦。之後，就像帕西法爾一樣，兒子會回來探望母親，母子也許在新的層次發展出新的關係。但這只有在兒子第一次完全獨立之後

才能達成，兒子要能將自己的情感轉移到另一位女性身上，不管是從內認同自己內心陰性的一面，或是在外找尋一名與自己年齡相仿的女性伴侶。神話故事中，帕西法爾的母親在他離開時就死了。也許她象徵的是只能以母親身分存在的女性，所以在母親這個角色消滅時，就只能死亡，因為她不知道如何成為一名獨立的女性，只知道怎麼當一名「母親」。

白花

許多人抱持著堅定的信念踏上人生的旅途，但對於為什麼會選擇這條特殊的路，或是最後究竟會去到何處，在心理層面上的理解卻十分稀少。有時候他們擁有明確的目標，卻無法抵達終點。對人們來說，命運通常無法預期，也許他們會完成意義更深遠的目的。帕西法爾探望母親的旅途也是如此。他沒見到母親，但卻遇到了白花，並覺察到人生中僅次於聖杯任務的最大動機。

白花的城堡遭受攻擊，身陷困境。她懇求帕西法爾拯救她的王國。帕西法爾遵從「必要的時候，男人會知道自己有多大的力量」這條深奧的戒律，擊退了進犯白花王國的敵人。帕西法爾先找出敵軍的副將，向他提出決鬥的挑戰，並在最後一刻饒對方一命，要求他前往亞瑟王的宮殿宣誓效忠。接著再找出

敵軍的主將，以同樣的方式打敗對方。這就是圓桌武士漫長集結過程的開端。

這是用詩學的手法來描述榮格所說「轉移人格重心」的過程，一種以高度意識進行的細緻過程，將不馴的陽剛能量抽取出來，加入亞瑟王與圓桌武士所代表的人格意識中心。在人的前半生中，沒有任何目標要比這個理想更為崇高或偉大。

在保護白花的過程中，帕西法爾完成了英雄的課題。白花是帕西法爾效忠的淑女、靈感的來源、英雄行為的核心，也是帕西法爾所有成就的原由。這並不是偶然，尋找母親的過程引領魯莽的帕西法爾來到賦予靈感與啟發的淑女面前，遇見他真正的生命動能。這個充滿詩意與美感的時刻，正是榮格所稱之男性發現了內心的啟發者，也就是所謂的阿尼瑪（Anima），其能夠激勵男性的內在生命之泉。白花的確名實相符。

如果把白花視為現實中有血有肉的女人，那她在後續故事中的表現將讓人非常失望，因為她就只是待在城堡裡，成為一種靈感的象徵，又或是情感的護身符。帕西法爾偶爾會因為渴求她的美麗與信任而衝回來探望。但如果是做為男性心靈深處的內在陰性力量，白花就是靈感與意義真正的核心。她手上的一朵玫瑰，或是一個讚許的眼神，便足以提供動機與力量，去完成最英勇的功績。雖然這是借用中古世紀的用語，並以騎士精神的內容來解釋，但在最現代的男性身上，仍然不少見。

在擊退外來的襲擊之後，帕西法爾回到城堡與白花共度一夜。故事詳細地敘述了他們如何親密擁抱、同床共枕，頭、肩、臀、膝、趾等緊緊纏繞一起。但這個擁抱非常純潔，也沒有違背騎士的誓言：絕不誘惑美麗的少女，也不為對方所誘惑。他必須遵守這個誓言，才有機會遇見聖杯。

許多內在的真理，如果置換到一個與其力量和深度不符的層次，就會削弱真實的力量。例如將處女懷胎的基督誕生故事看成單純的歷史事件，便會模糊了此刻至關重要的律法。但這正是我們受到召喚，要在內裡結合人魂與聖靈，讓自我的獨立性真正誕生時需要的律法。

大部分宗教性的傳承是一張地圖，或者是對於內在生活具有深刻意義的一套指引，而不是對於外在行為的束縛與規定。如果只了解宗教教導的文字層面，就會錯失其靈性意涵。從物質主義角度的詮釋，遠比許多被認為是惡魔言行而遭到譴責的事物還要有害。

他與她————————————————————— ｜第四章｜
從榮格觀點探索男性與女性的內在旅程
HE:　　　　　　SHE:
Understanding　　*Understanding*
Masculine Psychology,　*Feminine Psychology,*
revised edition　　*revised edition*

貞潔

古納蒙的教導：「絕不誘惑美麗的少女，也不為對方所誘惑。」對我們的故事來說，具有深刻的重要性，甚至值得花一整章的篇幅來討論。

重點是要記得，這裡對於神話的研究就像是夢的解析，所以許多規則也都通用。夢境基本上是內在的運作，夢的每個部分都可以解釋成做夢者的一部分。舉例來說：如果一名男性夢見了美麗的少女，那麼幾乎可以確定，這代表了男性本身內在的陰柔特質。把這樣的夢中人物直譯，解釋成做夢者的性趣或對於現任女友的看法，太容易了。如果犯了這樣的錯誤，那麼這個夢境就會失去真正的深度[1]。在神話故事中也一樣。如果我們照字面意義去解讀古納蒙的教導，就會像是在閱讀描述中古世紀騎士精神的諷刺漫畫。

帕西法爾無動於衷的這種內在陰性特質是什麼呢？是陰性特質中柔軟的一面，這對於內在來說十分珍貴，但如果他有所誤解，並以一種外在方式來看待，就會使自己受到損害。

情緒與感覺

感覺（mood）是懂得珍惜的能力，情緒（feeling）則是被內在陰柔特質掌控或佔有。感覺是擁有價值結構與了解意義的崇高藝術，也就是一個人的歸屬所在、效忠所在，以及根源所

在。情緒（我們感到詞窮，因為找不到其他適當的詞彙用來描述被情緒掌控的狀況）則是被我們本質中的陰性部分擄獲，被不理性的元素束縛，於是對外顯露出狂暴的行為。男性陰柔的一面，是為了讓他能連結內在的深處，橋接最深層的自我[2]。

男性通常必須在感覺與情緒之間做選擇。如果選擇了其中一方，那麼另一方就不會發生。情緒阻擋了真正的感覺，雖然情緒可能看起來像是感覺。如果男性產生了情緒，或者更精確地說，情緒擾動了他，那麼他就自動喪失了真正感覺的能力，也喪失了建立關係與產生創意的能力。用古老的語言來說，便是他誘惑了自己內在的陰柔特質，或是受到內在陰柔特質的誘惑。男性絕不可以在外表上表現出女人味。受到情緒掌控的男性，就像月光下的日晷，無法正確報時。內在陰柔特質如果放在正確的位置，就能成為「謬思女神」；如果打扮女性化，將陰柔特質顯露出來，與自己的外在世界連結，便不是正確的利用方式。「利用」一詞在此十分切合狀況，如果男性以情緒化的方式將周圍的人事物與自己的外在世界連結起來，那麼這些人事物的確會感覺「被利用」。誘惑當然也是！相反地，感覺是男性能力崇高的部分，帶來溫暖、柔和、善意與洞見。

我們常會將自己與內在陰柔特質之間的連結或斷裂，投射在外在世界真實的女性身上。人類女性本身就是一個奇蹟，如果想將內在女性的理想特質強加在她們身上，反而會掩蓋她們

的美麗。同樣地，如果硬要用外在世界的規矩來要求她們，內在女性特質也會蒙塵[3]。

男性與其內在女性的關係只有兩種：拒絕，陰柔特質會以糟糕的情緒與破壞性的誘惑呈現；或是接納，發現自己這一生都能夠擁有溫暖與力量的陪伴。如果男性被情緒的魔咒束縛，認為內在女性真實存在於「外在世界」，那麼他就會失去建立關係的能力。不管是「好情緒」或是「壞情緒」都會造成這樣的結果。

男性的創意，直接與內在陰柔特質的成長與創造能力相關。男性的天賦，來自內在陰柔特質孕育誕生的能力，而陽剛特質則讓他能夠透過形式與結構將創意呈現於外在世界。

晚年的歌德，透過名著《浮士德》得出偉大的結論：男性的職責就是服侍女性。《浮士德》的結尾寫道：「永恆的女性帶領我們前進。」這的確指涉的是內在女性。服侍聖杯就是服侍內在女性。

敏銳的女性在生活中遇到被情緒掌控的男性時，馬上就會有所警覺，因為所有的交流在那一刻中止。只要男性的眼神一閃，女性便知道他不想建立任何關係。即使是好的情緒也會對關係有所影響。所有與連結相關的能力，包括客觀角度與創造能力，都在情緒接管掌控之後終結。以印度文化的語言來說，服侍幻象女神（等同於阿尼瑪情緒）會消耗掉個人所有的現

實，並取代為虛幻的非現實。神話使用的永恆語言，常常會放大了故事情節。我們並不是永遠無法遇見聖杯，但只要情緒主宰了我們，聖杯就不會出現：情緒在客觀的世界留下個性的印記，所有能夠看見世界真正光輝的客觀角度都消失不見。人的確是為了一團混亂的幻象，出賣了自己與生俱來的權利。

被情緒掌控最糟糕的一點，是情緒剝奪了所有意義的層面。突然間「外在世界」佔據了我們的內在生命，我們也因此失去生命的內在意義。個人的價值觀或快樂感，全都受到「外在世界」掌控。我們只想做到生意，或是贏得對方讚賞，而沒有注意到自己失去了內在意義，這才是我們唯一穩定的價值。被情緒掌控也剝奪了我們對客觀世界的認知，無法欣賞世界真正的美和壯觀，也就是世界本身的深刻意義。

消沉與高漲

消沉（depression）與高漲（inflation）是情緒的其他名字，兩者都會產生被真正自我以外的事情淹沒的感覺。這是男性的弱點與缺陷。

情緒會讓人追求外在的人事物，以獲得價值與意義。哪個美國人的車庫不是堆滿了一堆東西？那都是屋主買了希望能夠帶來意義的物品，但當這些東西無法滿足屋主的願望時，就被

丟棄了。物質本身存在就有意義，只要適當連結，就會帶來極高的價值，但如果希望物質能附加內在價值，注定輸得一敗塗地。唯一的例外，是做為象徵或在儀式中使用的物品，的確可以產生內在價值。朋友送的禮物，只要雙方都有意識地投入維持這樣的價值，就可以象徵兩人之間的珍貴的友誼。如果要求物品產生除了象徵或儀式之外的價值，那麼只會感到失望，而讓物品加入車庫雜物的行列。

物品本身並沒有好壞，我們可以在週六的時候帶著釣具，度過美好而放鬆的垂釣時光；下個週六也可能因為遭受不好的阿尼瑪攻擊，釣完魚回家卻情緒很差。意識的層次會決定這兩種經驗的不同。外在價值與內在價值都再真實不過，只有在交互混合或汙染時，才會造成麻煩。

如果被情緒掌控，男性就無法主宰自己的內在。情緒篡奪了主宰位置，男性的反應就是和篡位者對戰。不幸的是，他常常在錯誤的層次挑起戰爭，也就是針對自己的妻子或周遭環境，打一場內在的戰爭，而不是採取正確的行動。神話中會用遭遇惡龍來描述英雄的內在自我之戰，與中古時期相較，現代男性面臨的惡龍征戰並沒有比較少。我們可以改編古老的神話，讓故事依然鮮明，只要能夠找到與惡龍格鬥的現代舞台，就是美麗的少女和紅騎士也會扮演重要的角色。

快樂

　　好情緒和壞情緒其實一樣危險。想要從周遭環境獲得快樂，就是施行誘惑內在美麗少女的黑魔法。雖然比較不明顯，但這和受到美麗少女誘惑一樣，一樣會讓聖杯蒙塵。

　　另外還有一個容易忽略的相異處：這種位於熱情洋溢、位於世界頂端、激動翻騰，又接近失去控制的情緒，卻十分受到男性讚賞，其實也是一種情緒掌控，並且和壞情緒同樣危險。壞情緒的男性會誘惑阿尼瑪，掐著她的脖子說：「你要讓我感到快樂，不然就試試看！」這會讓阿尼瑪屈從於自我的需求，耽溺於快樂或是無止盡地追求享受。

∽

　　而被這種高昂的情緒束縛，也是受到內在女性的誘惑。內在女性把男性推到令他目眩神迷的天際，讓其在高漲的情緒中體會到自己原本合情合理的想望、與快樂非常相似的美妙經驗。這樣的誘惑之後會讓男性付出極高的代價，再一次從高處深深摔落地面。命運會反覆地將男性從消沉帶往高處，或從高漲跌落低處。地平面是中國傳統文化所說的道，也就是中庸之道。聖杯就存在於此，真正的快樂也能在這裡找到。這不是一種平均出來的灰色地帶，或是妥協後的結果，而是擁有真實色彩、意義與快樂之地。和現實世界一樣重要，是我們真正的

家。

　　有一種誘惑的方式，是預支快樂的經驗。我認識兩名年輕人計畫去露營。在展開旅程之前幾天，他們興奮地想像會有多好玩。情緒的所有特徵全部顯露。露營的器具瞬間成為聖杯：滿腦子就是野營刀有多麼鋒利、童軍繩又是多麼堅固；這兩個傢伙早早預支了所有露營經驗中的快樂。後來我得知，他們來到預定的地點後，花了半天四處晃晃，不知道該做什麼，於是又坐上車子，當天就回家了，因為營地什麼都沒有。他們預先誘使生命脫離了體驗。

　　現代西方男性對於快樂的本質有著一些基本上的誤解。英文字源其實說得很清楚：「快樂」（happiness）是從動詞「發生」（happen）而來，代表發生了的事情才能帶給我們快樂。這個世界上生活較不複雜的簡單人們就是抱持這樣的態度，他們的生活充滿一種我們不太能理解的平靜與快樂。貧窮的印度農夫為什麼能夠因為感到快樂而快樂？墨西哥的勞工能夠感到快樂的事情那麼少，怎麼看起來如此無憂無慮？他們了解快樂的方法，滿足於自己的現實生活。他們的快樂來自生活中發生的事。如果你看到午餐卻不覺得開心，那麼基本上你大概對任何事情都不會感到快樂。

　　一位印度智者曾說，最崇高的祭祀就是讓自己快樂。但這種快樂指的是內在深層的狀態，而不是情緒。

苦修士湯馬斯・默頓（Thomas Merton）曾說，修士常常覺得很快樂，但日子從來不好過。這是區分快樂與情緒的另一種方法。

　　過去很長的一段時間，我以為人受到情緒左右，和罹患感冒是一樣的。慢慢地我發現，情緒是無意識有目的的產物，能夠透過我們努力想要跳脫的意識層面帶來修正。

　　情緒與熱情（enthusiasm）剛好是對比。熱情是人類語言中最美麗的詞彙之一，意思是「內裡充滿了神」（en-theo-ism）。熱情是一種讓人感受到極大獎勵與信服的經驗。在光譜相對的另一頭，則是被情緒痛苦地掌控。如果充滿神的喜悅，大笑的時候會讓人感覺到聖潔；如果是因為情緒的影響而失去理智，就是一種褻瀆。快樂完全合理，情緒則會導致沮喪。

　　女性在自己的男性伴侶陷入情緒時，必須要小心處理這樣的挑戰。如果她和情緒硬碰硬，並開始刺激對方，只會換來非常負面的結果。在這樣的情況下，她可以有更聰明的做法，那就是用比男性的情緒更加女性化的方式應對，將自己最深處的陰柔特質完全展現出來，與男性錯置的陰柔特質形成對比，這樣能讓男性在現實中獲得一個優勢的出發點，從品質低下的情緒中掙脫出來。女性其實應該會很想刺激或打擊對方，但如果能在男性受困於自身內在陰柔特質的風暴時，讓自己與生俱來

的陰柔特質成為對方的定錨，就能產生前所未有的創造力。這需要女性擁有清明與發展健全的陰柔特質，而這是女性經過無數次與惡龍格鬥，保衛自己內在的女性王國後，才能得到的結果[4]。

　　女性也必須了解，男性不像女性能夠確切掌控或覺察陰柔特質。許多女性認為，男性應該能和自己一樣，控制陰性元素中光明與黑暗、天使與女巫這樣不斷的交替更迭，但是男性其實無法擁有和女性一樣的控制能力。如果女性能夠了解，男性其實在了解自身陰柔特質的部分，是落後女性好幾光年還想不透的，就能夠對男性更有耐心、更加體貼。反過來說，在生活的其他層面也是如此。

　　神話故事中的帕西法爾與白花，示範了男性與其內在女性之間最正確的關係。兩人非常親密，互相溫暖，為對方打造有意義的生命，但兩人之間並沒有誘惑的存在。這定義了男性與其內在女性之間崇高的關係。但如果把這樣的關係套用在男性與現實生活中的女性身上，就會變成可笑的童子軍故事。這種在應用層次上的誤解，對遵循中古世紀騎士精神的人來說造成了傷害。內在關係擁有自己固定的運作方式，外在關係也擁有同樣明確的規矩，兩者不能混用。

1　原註：進一步的討論可參見作者另一著作《與內在對話：夢境‧積極想像‧自我轉化》（*Inner Work: Using Dreams and Active Imagination for Personal Growth*）（由心靈工坊出版）。

2　原註：嚴格來說，情緒二字只能用來描述男性的經驗，因為發生在女性身上的相對現象太不相同，應該要另選詞彙。但我們找不到這樣的詞彙，也無法用語言貼切地描述出女性生命中的相對經驗。在這樣的情境之下，發生在女性身上，與男性情緒相對應的現象，便劃分到女性內在陽剛的一面，因此充滿了銳利、刺痛、挑戰、針對等特質，都是陽剛特質的負面狀態。這和男性的情緒很類似，也是陰柔特質負面的狀態。編註：進一步的討論可參見本書第二部〈她〉。

3　原註：進一步的討論可參見作者另一著作《戀愛中的人：榮格觀點的愛情心理學》（*We: Understanding the Psychology of Romantic Love*）（由心靈工坊出版）。

4　原註：真可惜我們沒有合適的語言來傳達這些概念。究竟能不能用「后國」（queendom）這樣的詞彙呢？

他與她————————————|第五章|
從榮格觀點探索男性與女性的內在旅程
HE: SHE:
Understanding *Understanding*
Masculine Psychology, *Feminine Psychology,*
revised edition *revised edition*

聖杯城堡

故事繼續。

∽

帕西法爾白天持續英雄冒險的旅程，到了傍晚便詢問附近是否有小屋或旅店可以讓他過夜。大家都說方圓三十英里內沒有任何可以住宿的地方。

不久，帕西法爾看到有個人坐在湖上的小船垂釣。他詢問對方知不知道哪裡可以過夜。這個釣魚的人，也就是漁夫王，邀請帕西法爾到他簡陋的住處。「沿著這條路往前，左轉，過吊橋。」帕西法爾照著指示前進，通過吊橋之後，橋突然升起，打到坐騎的後蹄。進入聖杯城堡非常危險，因為這是漁夫王的家，許多年輕人都在吊橋落馬，因為這裡是從凡人的世界通往聖杯城堡幻想與象徵世界的轉換之地。

帕西法爾發現自己來到城堡的主樓，四名年輕人帶走他的馬，讓他沐浴，換上乾淨的衣服，引領他到城堡主人漁夫王的面前。漁夫王躺在擔架上道歉，因為自己受傷所以無法起身正式招呼。城堡裡的所有人，四百位騎士與淑女聚集一起迎接帕西法爾，美妙的儀式就要開始。

看到如此華麗的場景，我們應該知道，帕西法爾落入了內在世界，也就是精神與轉化之地。尤其這裡特別強調數字「四」：四百位騎士與淑女、四名年輕人、巨大暖爐的四個面指示著羅盤的方向，全都象徵著內在世界的燦爛輝煌。這裡的

確是保護最後晚餐的聖杯所在的聖杯城堡。

盛大的儀式正在進行。漁夫王躺在擔架上痛苦哀號。一名美麗的少女帶來刺穿耶穌基督的聖槍；一名少女，帶來最後晚餐使用的盤子；一名少女，最後捧著聖杯進來[1]。

豪華的宴會開始了，每個人都從聖杯或盤子裡得到自己甚至沒意識到想要的東西，除了漁夫王之外，因為他身負重傷，既無法從聖杯中飲酒，也因為被剝奪了這個權利，痛苦倍增。

漁夫王的姪女拿了一把劍過來，漁夫王幫帕西法爾佩上。這把劍後來一直伴隨著帕西法爾。年輕人在此獲得了成熟的男性特質，與完成後半輩子任務的力量。

還有一項可以在聖杯城堡得到的禮物，但帕西法爾沒有通過取得禮物的考驗。古納蒙在訓練帕西法爾時告訴他，如果找到聖杯，就要問出這個問題：「究竟誰是聖杯的主人？」如果問出這個問題，匯聚生命的聖杯就會將祝福傾洩而出。沒有問這個問題，還是可以飲用聖杯中的酒，但無法得到祝福與恩賜。雖然古納蒙交代了要問問題，但帕西法爾的母親在兩人分別時告訴他，不要問太多問題。這對愛抱怨的年輕人來說是個正確的建議，但卻非常不適合這個場合。帕西法爾謹記母親的教誨，沉默地站在光輝的聖杯城堡中。其實可以理解，在這種時刻，一個十六歲的鄉村男孩提不起力量或勇氣，問出生命中最重要的問題。他只有在內心明晰透徹的情況下，才有辦法問

出這個問題。

除此之外，更重要的是，聖杯城堡裡有個傳說，一名天真的愚者會來到城堡，問出聖杯的問題，然後治好受傷的漁夫王。除了帕西法爾之外，城堡裡的每個人都知道這個傳說，他們緊盯著帕西法爾這個擁有天真愚者所有特質的人，看他會不會問出這個能夠治好漁夫王的問題。

但帕西法爾沒有開口問，痛苦呻吟的漁夫王很快被帶回自己的房間。騎士與淑女各自散開，帕西法爾由四名年輕人護送到寢室。

第二天早上，帕西法爾醒來，發現自己獨自一人。他上好馬鞍，通過吊橋離開，橋又突然升起，再次打到坐騎的後蹄（又是一次危險的轉換），回到了凡人的世界。他回頭時城堡已經不見，天真的愚者再次回到「方圓三十英里內沒有任何可以住宿的地方」。

聖杯城堡消失

內在生命最重要的大事，就是聖杯城堡故事中描述的情節。少年在十五或十六歲時會闖入聖杯城堡，看到形塑後半生大致樣貌的景象。和帕西法爾一樣，少年還沒準備好，也沒有能力問出正確的問題，讓自己能夠有意識並穩定地吸收這個經

驗。我們不該期待年輕人能完美達成任務，他們大多是不經意地進入城堡內，受到震懾之後，隔天早上只要沒在吊橋處摔落馬背，就會發現自己回到原本的凡人世界。

大部分男性都會記得他們年輕時某個神奇的片刻，整個世界閃閃發光，美得無法形容。也許是日出，也許是球場上的風光時刻，也許是獨自去爬山健行，彎過一個轉角，發現燦爛輝煌的內在世界完全對自己敞開。當天堂出現在眼前，年輕人基本上無法應對，大部分人會把這樣的經驗放在一邊，但也不會忘記。其他人會覺得很困擾，所以當作不知道，假裝這一切從未發生。有一些則是震懾於如此富有意義的景象，像帕西法爾一樣，後半生致力再度追尋聖杯城堡。我們只需要「沿著這條路往前，左轉，過吊橋」，但這麼簡單的方向，卻有效地將城堡隱藏起來。多少次我們回到當初的神奇地點，想要再次看到美麗的日出，或是前往尋找傳說中神祕的聖杯儀式舉行的地方？聖杯城堡深深地印記在我們的腦海，如果其力度夠強，就會成為我們後半輩子的靈感來源，或是揮不去的夢魘。

為什麼帕西法爾無法問出這個簡單的問題，讓問題為他打開燦爛輝煌的世界，並治癒漁夫王痛苦的傷口呢？明明有人告訴他要問出口，而他居然沒問，感覺十分愚蠢。但事實不是這樣，是天真讓他問不出這個問題。

戀母情結

　　還記得帕西法爾母親幫他手織的那件長袍嗎？正是騎士盔甲底下沒有脫去的長袍，讓他無法在看到聖杯時聯想到聖杯的重要性。只要戀母情結仍綑綁著男性，他就無法理解聖杯的重要性，或者更糟糕，問不出能夠治癒漁夫王創傷的正確問題。要讓年輕人放掉母親手織的長袍，是項艱難的任務。許多人從來沒有成功脫離戀母情結，這就是故事中母親手織長袍的象徵。要討論這個重要的主題，必須先岔題聊聊男性與陰性事物之間的關係。

　　男性與陰性事物之間存在著六種基本關係。對男性來說，這六種關係各有其效用與崇高之處。只有在兩相汙染的情況下才會造成難題。這些困難是男性人生道路上的中心課題。男性擁有的六種陰性元素如下：

- 親生母親。現實中真正的母親，包括她所有的特質、個性與獨特之處。

- 戀母情結。這個元素完全存在於男性本身，是一種退縮的能力，讓他回到小時候依附著母親的狀態。這也是男性想輸的願望、失敗的能力，對於死亡或意外的底層幻想，以及希望被照顧的渴求。這在男性的心理運作中是純粹的毒藥。

　　　　　　　　　　他與她：從榮格觀點探索男性與女性的內在旅程

- 母親原型。如果戀母情結是純粹的毒藥，那麼母親原型就是純粹的黃金，是神屬於陰性的那一半、宇宙的聚寶盆、自然之母，傾瀉在我們身上的慈愛，完美而不需任何代價交換。如果沒有母親原型的恩賜，我們連一分鐘都活不下去。母親原型永遠值得我們信賴，給予我們滋養與支持。

- 美麗少女。這是所有男性心理結構中陰柔特質的部分，是生命的內在伴侶或靈感來源，以美麗少女的姿態呈現，也是傳說中的美麗淑女白花、《唐吉訶德》的達辛妮亞、《神曲》中但丁的碧雅翠絲。她給予我們生命的意義與色彩。榮格將這種特質命名為阿尼瑪，激勵、帶來生命的力量。

- 妻子或伴侶。有血有肉的同伴，一起分享人生旅程的人類伴侶。

- 蘇菲亞。智慧女神、神屬於陰性的那一半、猶太神祕主義中所謂的「榮耀同在」。對於男性來說，發現智慧屬於陰性是一種驚嚇，但所有的神話都將智慧歸屬於陰性特質。

෴

所有的陰性特質對於男性都有所用，即使是戀母情結這個最困難的元素也一樣。在歌德的傑作中，浮士德必須依靠戀母

情結來到母親之地進行最後的懺悔。只有兩相混合或汙染才會造成這麼嚴重的低潮。人類具有製造出這類混亂的糟糕傾向。我們接下來要檢視的就是一些汙染與造成的破壞。

如果戀母情結汙染了親生母親，他會因為自己內在戀母情結產生的退縮特質而去責怪親生母親：他會認為母親是個想要打敗自己的女巫。年輕人常常因為自己退縮的戀母情結而去責怪母親，或是可以替代母親地位的人。

如果母親原型汙染了內在的母親意象，他會期待有血有肉的母親扮演保護女神的角色，但這只有母親原型才做得到。他會對現實中的母親提出許多荒謬過分的要求，甚至覺得全世界都欠他，而他自己最好什麼都不用做。

如果內在的母親形象汙染了阿尼瑪或是美麗的少女，他會期待內在的女性成為自己的母親。

還有一種常見的汙染，是母親與妻子角色的重疊。這樣的男性會期待妻子成為自己的母親，而不是伴侶。他會要求妻子達到自己對於母親的期待。

蘇菲亞在男性的生命中力量不強，所以這個元素不一定會出現。如果男性分不清母親與蘇菲亞的差別，會以為母親擁有凡人無法承受的女神般智慧。「母親最知道」加上蘇菲亞原型是糟糕的組合。

其他的組合或汙染就交給各位自行探索，全部都是負面的

關係，但負面並不是陰柔特質所造成，而是來自意識層次的汙染。

～

　　回到帕西法爾與他在聖杯城堡沒有問出口的問題。由於他無法脫下母親的手織長袍，放下戀母情結，因此古納蒙教導的那種問出問題的力量與清明也無法發揮出來。只要戀母情結一直橫亙在他與天性的陽剛力量之間，男性與聖杯的連結便無法永恆不變。要花上二十年、艱苦修習騎士精神的時間，才能讓帕西法爾脫下手織長袍，成為強壯的男性，承接聖杯之美，也就是母親原型最偉大的象徵。男性只要身上還穿著母親的手織長袍，就只能在偶然的機會下與聖杯萍水相逢，也無法治癒自身的漁夫王創傷。在接下來的冒險日子裡，帕西法爾經驗到的所有事物，都是為了讓他脫下手織長袍。男性在中年階段還有一次進入聖杯城堡的機會。大約在十六歲和四十五歲的時候，聖杯隨時可能出現。這兩個時間點是男性一生中最容易改變的階段。聖杯城堡每天晚上都會舉行奇妙的儀式，但只有在男性生命中特定的時間，而且他要做好完全的準備，才能順利獲得聖杯城堡的燦爛輝煌。

　　理論上，第一次就能成功待在聖杯城堡，並非不可能。中古世紀歐洲的本篤會修士發現，如果遵循苦修的戒律，是有可能達成。從心理層面來說，他們撫養剛出生的男嬰，讓他們一

直待在聖杯城堡裡不曾離開、不曾面對世界上的壓力：不管是世俗的求偶、婚姻、金錢或權力架構。但是我不認識任何有過類似經驗的人，也不認為在現代社會可以這麼做。這樣的方法大概只適用於中古世紀的心態，或是擁有這種個性的現代人。

某個印度的修行教派則是用另外一種方式固守聖杯城堡。他們讓男孩從出生到十六歲都過著與世隔絕的苦修生活，十六歲時結婚，然後在第一個孩子出生後再次送他們出家，讓他們直到生命終結都過著出世的生活。如此一來，在兩座聖杯城堡之間只隔了一年，而不是像一般發生在十六歲和四十五歲兩個時間點，相隔了三十年。當然，這也只有對非常單純、中古世紀個性的人才有可能，對我們一般人來說不可行。（更何況對還擁有妻子和孩子的男性來說，他們要怎麼辦？！）

如果聖杯城堡的經驗過於強烈，可能會讓男孩失去一切能力。那些似乎沒有任何動機或目標、四處遊蕩的年輕人，往往是被聖杯城堡經驗矇蔽了雙眼。

許多男性覺得聖杯城堡的經驗過於痛苦、無法理解，因此選擇立刻壓抑，說：「我不記得。」就像所有被壓抑在無意識裡的事物，我們其實無法逃避，到處都可以看到它們的影子，每一棵樹下、每一個角落，每一個我們遇到的人的肩膀上。對於「某件事物」的渴求、週六夜晚的騷動不安、轉彎時輪胎的剎車印記，都是我們身邊對於聖杯城堡渴求的迴響。這種追尋

會以許多不同的語言呈現。

　　年輕人這種虛張聲勢的行為，是為了閉鎖自己的聖杯城堡經驗。因為他們無法忍受這樣的疼痛，所以試圖說服自己非常強壯，以麻痺疼痛的感覺。

　　許多廣告都在利用這種渴求。我不確定廣告商是不是有意識地操弄，但他們的確會旁敲側擊地挖掘出我們內心的渴求。只要間接透露出這就是聖杯，幾乎任何產品男性都會買單。

　　這也是毒品吸引人、讓人感到興奮的主要因素，其能夠神奇地產生類似聖杯經驗的狂喜情緒。毒品會帶給你高潮，創造一個合理的幻象世界，但運用的方法錯誤，必須付出可怕的代價。正確的方式不一定需要很長的時間或走很遠的路，但的確沒有捷徑。如果投機取巧的話，吊橋會在錯誤的時刻升起，讓人陷入瘋狂或痛苦的折磨。

　　如果我們認為可以用其他人或事物來填補自己對聖杯的渴望，付出的代價會更高。許多青春期後期出現的衝動，例如大膽的作為、在高速公路上用時速一百四十四公里的速度飆車、使用毒品等，都是對於聖杯的渴求。

　　如果對聖杯的追尋一直受到各式各樣可能的阻礙，以致不斷偏離，那麼年輕人很快就會發現自己變成陰晴不定的老人。

　　我曾問過一個朋友最近如何。他非常誠實地回答：「嗯，羅伯特，我覺得自己越來越怪了。」聖杯在這種狀態下只會越

離越遠。

　　女性的聖杯經驗和男性非常不同。她一直都在聖杯城堡裡，在宇宙中懷抱著美感、連結與恬適自在，這些是男性無法擁有的特質。男性是因為不安於現狀而發揮出創造能力，女性則是對過去的一切了解透徹而發揮出創造能力。帕西法爾必須踏上近乎毫無止境的騎士冒險，白花則守在她的城堡裡。

　　愛因斯坦老年時曾說：「我現在沉浸在年輕時感覺痛苦異常的孤獨中。」這就是再次回到了聖杯城堡。他花了一輩子打拼的現代騎士豐功偉業，終於獲得回報。

　　許多男性嘗試讓現實中的女性填補他對於聖杯的渴求，這是要女性扮演一個她永遠無法擔任的角色（有誰能夠成為活生生的原型典範呢？），同時忽略了她身為女性的這個事實就是奇蹟。

　　最近的亞洲宗教風潮也是一種直接的聖杯追尋。亞洲人不像我們西方人一樣解離一切，他們不會把世俗與宗教一刀切開，造成我們這種悲慘的狀況。傳統的亞洲人不會遊蕩到距離聖杯城堡太遠的地方。亞洲的智者看著我們，說道：「你們為什麼這麼匆忙又飢渴呢？」有些人認為我們是「被當作獵物的亞利安鳥」。如此迫切追尋的民族，處境的確非常艱難。

　　吊橋是聖杯城堡本質的線索。吊橋不存在於物質的現實中，只在內在的現實，是幻象、詩歌與神祕經驗，無法在任何

外在的空間發現。如果向外追求，只會耗損自我，並感到沮喪。然而，我們強烈地執著於外在事物，認為外在是唯一的現實。因此對大部分的我們來說，會需要外在的探索或情境來點燃內在的追尋。不過這其實很可疑，因為聖杯永遠都在我們身邊，只是需要耐心剝去一層層的外殼，而不是去創造出來。中古世紀基督教有句話說：「追尋神是在侮辱神。」意思是神永遠都在，追尋是在否認神存在的事實。我有個朋友是外科醫生，他喜歡這麼說：「不要修理沒有壞的東西。」延伸出來也可以這麼說：「不要追尋已經在你面前的事物。」但我們是西方人，必須追尋才能學到事實上並不需要追尋。

有個中國的故事是這麼說的：一隻魚聽到碼頭邊一些人在討論一種稱為「水」的神奇元素。魚很好奇，於是向魚朋友們宣告，他要出發尋找這種神奇的元素。餞行之後，朋友們目送他出發。過了很長的一段時間，大家都覺得他大概死於艱險的旅程時，沒想到卻在此時看到蒼老疲憊、歷經風霜的魚歸來。大家聚集到他身邊，焦急詢問：「你找到了嗎？找到了嗎？」「找到了。」老魚回答：「但你們不會相信我找到什麼。」然後緩緩游開。

基督與帕西法爾的旅程能給予人高度相似的啟發。兩個故事在許多方面可以相互對照，但重要的相異之處在於，基督的追尋方式正確，但還是必須歷經所有的階段。基督在十二

歲時來到聖殿並訓斥自己的父母，這就是他第一次的聖杯城堡經驗。他接觸到非常深層的事物，也就是自身的男性特質與力量。正因為基督了解，所以他沒有因為接觸而受到嚴重的傷。之後他必須再度回到聖杯城堡，然後永遠住在裡面。基督以充滿智慧的方式踏上追尋的旅程，為我們留下可以遵循的典範。我很喜歡十二世紀的聖杯神話，因為這故事提供了更為落實與人性化的道路。和殉道者相較，我自己更加認同帕西法爾。

1　原註：這是男性心理運作中內在女性正確的定位；內在女性是男性獲得內在世界各種價值的媒介。

他與她─────────────────────── │ 第六章 │
從榮格觀點探索男性與女性的內在旅程
HE: SHE:
Understanding   *Understanding*
Masculine Psychology, *Feminine Psychology,*
revised edition   *revised edition*

乾旱年代

離開聖杯城堡的帕西法爾現在要讓自己能夠再度回去。他參與了一連串的騎士冒險，慢慢增強自己的力量，因而獲得第二次進入聖杯城堡的機會。

　　他遇見一位悲傷的少女，懷裡抱著死去的情人。少女哭著解釋說，她的情人是一位騎士，因為捲入帕西法爾年輕時的胡鬧事件中，被另一名騎士所殺。帕西法爾必須承受這個事件造成的罪惡感。少女問帕西法爾之前到過哪裡，他據實以告，但少女指正說，三十英里方圓內沒有任何住家。帕西法爾再詳細地敘述了自己的經驗，於是少女回答：「喔，你一定是進入了聖杯城堡！」女性通常比男性更了解這方面的經驗。然後她責怪帕西法爾沒有問出問題，治好漁夫王。這也是帕西法爾的錯。更多罪惡感累積。少女詢問帕西法爾的名字。雖然我們一開始就使用帕西法爾來稱呼他，但在故事中直到這一刻才真正出現這個名字。「帕西法爾，他脫口而出。」一個人除非已經到過聖杯城堡，不然不會獲得名字，或是任何身分的認同。

～

　　帕西法爾又遇到另一名哭泣的少女，同樣是因為他年輕時的胡鬧事件影響而受苦。少女告訴帕西法爾，他的劍會在第一次使用時斷掉，只有原本的鑄劍師才能修復。一旦修復，這把劍就不會再斷了。

　　這對年輕人來說算是個好消息。他帶著陽剛的隨身武器，

基本上是仿照自己的父親與導師，但當他嘗試自行使用時卻無法支撐它。每個年輕人都必須經歷這樣的低潮，發現自己模仿而來的男性特質不管用。不僅如此，只有給予他這把劍的父親才能修復斷掉的武器。也就是說，父親給予的事物只有父親能夠修復。此時教父就是非常珍貴的盟友。教父能夠修復傳承自父親、自己卻支撐不住的武器，這是非常寶貴的資產。

帕西法爾打敗許多騎士，要求他們前往亞瑟王的宮殿，拯救許多美麗的少女、解除圍城的危機、保護窮苦人民、屠殺惡龍。這些全部都是男性在中年階段應該完成的豐功偉業。這是讓文明運作起來的文化過程。我們會笑看屠龍故事與城堡詛咒，但其實和任何中古世紀男性一樣，我們也直接承受這個時代的惡龍與詛咒造成的痛苦。現在我們稱之為情結或情緒或陰影的入侵，但我認為古老的語言和我們使用的詞彙描述得一樣（或者更加）清楚。

帕西法爾的名聲傳回亞瑟王的宮殿，於是亞瑟王準備出發尋找王國中的大英雄。帕西法爾是世界上最偉大的騎士，七年來沒有笑過一次的少女也這麼說。亞瑟王發誓，在找到這位偉大的英雄、王國中盛開的花朵之前，他絕不會在同一張床上睡第二晚。

這個時候，神奇事件發生在帕西法爾身上。他繼續騎士的冒險旅程時，看到老鷹在空中攻擊三隻鵝。其中一隻鵝滴了三

滴血，落到帕西法爾身邊的雪地上，讓他產生見到了情人的幻覺。他被這三滴血定住，滿心只想著白花。亞瑟王的騎士發現了動彈不得的帕西法爾，其中兩人試著帶引他回到亞瑟王的宮殿。帕西法爾和他們打了起來，折斷其中一名騎士的手臂，因為當沒有笑過的少女在亞瑟王宮殿裡發出笑聲時，正是這名騎士口出嘲弄。帕西法爾發誓要為少女遭受到的侮辱討回公道。現在完成誓言了。

第三位騎士高文，謙虛有禮地詢問帕西法爾，能不能前往亞瑟王的宮殿。帕西法爾同意了。

故事的另一個版本是太陽融化了積雪，抹去其中兩滴血，讓帕西法爾從詛咒中釋放出來，能夠再次行動。如果太陽沒有讓三滴血變成只剩一滴，又或是高文沒有前來拯救，帕西法爾很可能會繼續困在情人的幻象中。

關於這個部分，要注意的是神奇的象徵符號。夢境或神話強調數字時，就代表非常深層的集體無意識在運作。還記得聖杯城堡裡強調「四」這個數字嗎？在這裡則強調了「三」。「四」在集體無意識的語言中，有和平、整體、完全、寧靜的意思。「三」則是代表緊急、缺失、躁動、掙扎、成就。帕西法爾在深刻體會過聖杯城堡中「四」的元素之後，現在必須面對當下人生中「三」的元素。他的情人、騎士的冒險、在亞瑟王宮殿中的地位，這些此時此刻的事物占據了他。除非經歷過

人生各種面向，不然無法再度回到聖杯城堡。

　　生命在受到「三」的元素掌控時，狀況就會變得很詭異，只有減少到「一」或是增加至「四」才有辦法解套。「三」，或是由「三」代表的意識，因為強度與驅力無法承受太久。如果發現自己陷入動彈不得的狀態，就必須往前進入「四」的階段，來到充滿洞見與啟發之地，或是降低自己的意識層面，以便求存。

　　榮格晚年花了許多時間研究「三」與「四」的象徵意義。他認為人類正在從「三」代表的意識階段演化至「四」代表的意識階段。一九四八與一九四九年的時候，榮格感到歡欣鼓舞，因為天主教會更新了教義，將聖母瑪利亞與全為男性形象的三位一體聖父、聖子、聖靈，置於天堂的相同位階。他覺得如此一來就完成了之前還不完整的發展階段，結束了西方世界不安與衝突的現象。象徵符號早於事實許多年，代表現在充滿了各種可能性，但一切尚未完成。榮格認為，真正的現代人努力的目標，是擴展意識層面，從「三」演化到「四」，從致力於行動、工作、完成與進步的意識，演化到和平、寧靜與單純的存在。重點在於「四」可以包含「三」，但「三」無法包含「四」。一個人擁有「四」的高階意識，就等於擁有人生所需要的所有能力，但又不會受到能力的束縛與限制。一個人停留

在「三」的世界，便無法欣賞了解與「四」相關的元素。

我們所處的時代，顯然就是男性的意識從三位一體進階到四位一體的觀點。這一種可能的方式可深刻評估我們現今世界所處的極端混亂狀態。許多不了解數字象徵符號意涵的現代人，都做過數量從三增加到四的夢，這代表我們的意識正在演化，從秩序井然、充滿各種陽剛概念的現實、三位一體的上帝觀點，轉化成四位一體的角度，包含了如果堅持老舊價值觀就很難接受的陰柔與其他元素。

現在演化的目的，似乎是要用完整或整體的概念，來取代完美的意象。完美代表著完全的純淨，沒有任何斑點、雜質或令人質疑的地方。整體則包括了黑暗，但會和光的元素結合，變成一個比任何理想都更加真實與完全的整體。這是件了不起的工作，我們所面對的問題在於人類是不是能夠成長與勝任。不管準備好了沒，我們已經進入這個歷程。

聖母瑪利亞進階的這一年來了又去，大部分時間都被遺忘了，對我們的生活似乎也沒有什麼立即的影響。但如果用正確的角度來解讀，就會發現這個特殊事件其實對神學和我們的日常生活都有著深切的影響。

第四個元素獲得了尊重與榮耀之後，就不再具有敵意；唯有當我們排拒心理層面的真實，才會變得負面或具有毀滅性。呈現出邪惡一面的元素只是需要我們有意識地在架構中賦予效

用。

　　男性通常認為自己的黑暗面帶有陰柔屬性，所以推得更遠，結果讓黑暗面變成女巫。大多數在中古世紀被拒絕的黑暗元素都具有陰柔特質，所以女巫必須用火刑處決。這並不是毫無根據、零星單獨的傳言，而是在歐洲反宗教革命的高峰期間的統計數據，超過四百萬名女性被當成女巫處以火刑。如今，要將這些不久之前感覺還非常黑暗的元素，融入我們的人格加以整合，真的是項令人生畏的任務；要恢復如此黑暗的元素，感覺十分危險。如果一個人一直把門外的大野狼當成壞蛋，不可能突然開門說：「來，請進吧。」

他與她—————————————｜第七章｜
從榮格觀點探索男性與女性的內在旅程
HE:　　　　　SHE:
Understanding　　*Understanding*
Masculine Psychology,　*Feminine Psychology,*
revised edition　　*revised edition*

醜惡少女

帕西法爾打敗了非常多位騎士，並要求他們前往亞瑟王的宮殿宣誓效忠，也逐漸在亞瑟王傳說的世界中打響名號。現在亞瑟王與他的騎士出發前往鄉間，尋找這個充滿力量又捉摸不定的人物。有一天，他們找到了帕西法爾，讓他站在宮殿前面，宣布為他舉辦一場持續三天的慶典與競賽。帕西法爾當然有資格接受這樣的榮耀，但又一次不經意地惹上麻煩，造成無法避免的結果。他到底捅了多少次婁子！完全可以確定的是，通常就是在他引起糾紛之後，接著下一階段就是成長發展。要不是上天眷顧，世界上所有的帕西法爾大概都會從世界的邊緣掉下去，注定消失在無盡的深淵。唐吉訶德，永遠的原型愚者，完全是透過胡鬧的方式完成偉大的旅程。

三天的慶典來到最高潮，一名世上最醜惡的少女出現，立刻讓歡樂的氣氛凍結。她騎著一頭四腳都瘸了的老騾子，黑髮綁成兩條辮子，「雙手和指甲烏漆墨黑」，閉著的雙眼「小得跟老鼠眼睛一樣」，她的「鼻子看起來像猩猩和貓」，她的「嘴唇看起來像驢子和牛，長了鬍子、彎腰駝背，肩臀像樹根一樣扭曲糾結」。皇家的宮殿中從沒看過這樣的少女。

她的任務是要在這個慶典上呈現出硬幣的另一面，而且使用的手法非常巧妙。她數落帕西法爾犯過的罪愆與愚笨行徑，最糟糕的就是沒有在聖杯城堡中問出可以治癒漁夫王的問題，帕西法爾知錯地默默離開前一刻還把他捧上天的群眾。

在男性到達成就的頂峰時，醜惡少女便會伴隨著西下的夕陽走進他的生命。

∽

男性的成就與醜惡少女在他生命中展現的力量，存在某種奇特的關聯。成就越高，忍受苦難與羞辱的能力似乎就越強：從外在世界獲得的名聲與奉承，似乎是和他從醜惡少女身上體會到的挫敗與空虛成正比。我們會覺得成就應該最能夠抵擋空虛的感受，事實並非如此。高成就的男性最能夠問出無法回答的問題，也就是自身的價值與人生的意義。這樣的疑問，中古世紀神學通常稱為「靈魂的黑夜」，會莫名在清晨兩三點的時候擄獲自己。有些人隱約發現，每次到了清晨兩點，就會陷入「靈魂的黑夜」。

醜惡少女送來懷疑與絕望，也就是任何聰明男性在中年階段都會遇見的毀滅與破壞的特質。生命的滋味消失了，只有無法回答的問題折磨著自己：「上班有什麼用呢？有差嗎？有好處嗎？為什麼？」女性伴侶無法取悅他，孩子要不是很難相處，就是已經離家，度假不再有用。正當他開始有時間、有辦法享受人生的快樂時，一切都不再有意義。這就是醜惡少女展現的力量。

在人生的這個階段，男性迫切地想要找尋新的美麗少女，保護自己不受醜惡少女侵擾。但是除非他先接受黑暗元素，不

然不管是新的還是舊的少女，或任何類型，都無法將他從生命中的黑暗時期拯救出來。

　　面對正處於黑暗時期的男性伴侶，聰明的女性會保持沉默。這樣可以保護自己，不讓男性開心地把醜惡少女的形象投射到她身上。安靜地「存在」，是女性在這個時候能夠給予的最好禮物。

　　在這個愛用鎮靜劑的年代，一般都認為應該要避免讓醜惡少女出現，並將之看做是疾病，要治好。驅逐黑暗面，就是消除醜惡少女帶給我們的演化機會。

　　黑暗的預兆在宮殿中造就了深刻而重要的個體化過程。醜惡少女向在場的每一位騎士下達指令，每一位騎士都必須獨自完成追尋的任務。在演化的時刻來臨之前，所有的任務都是合作，也就是騎士會三五成群，或至少兩兩一組，進行屠殺惡龍或是拯救圍城的任務。在醜惡少女到來之後，所有的任務都變成獨特的單獨作業。每一位騎士必須自行出發，找到自己的道路，在自己的追尋中單打獨鬥；如今已不再採用合作或團體的方式解決問題。這個基本態度上的改變，是唯一可行的方式，用來解決醜惡少女所帶來的絕望。男性在知道是自己一人踏上獨特的孤寂的追尋時，就能夠脫離醜惡少女的黑暗狀態。所有心理層面的苦難（或快樂，就通常的定義而言），都是比較而來的。接受自己其實在旅途中孤單一人的事實，就不再有比

較，而進入存在的世界，所有事物就只是單純地「存在」。在這個領域中，沒有一般定義的快樂或不快樂，只有一種存在的狀態，正確來說應該是「狂喜」。我們很難承認這是醜惡少女帶來的禮物，但也沒有其他信差能帶來如此令人驚嘆的禮物。也許中古世紀說出這句格言的人，是真正理解到：「苦難是能夠最快帶著我們通往救贖的駿馬。」

尊崇醜惡少女，接受她對追尋本質的新看法，就是在展開人生的第二章。

醜惡少女讓帕西法爾知道他的新任務是再次找到聖杯城堡。他發誓在再次找到幻象世界之前，絕不在同一張床上睡第二晚。

醜惡少女提醒大家，只有貞潔的騎士才能找到聖杯，然後她一跛一跛地離開，完成了自己的任務。

我要提醒你們第一百次，這趟旅程所需的貞潔與世俗的男女關係無關，世俗的男女關係有自己的運作規則，也需要獨特的智慧。在追尋中對男性貞潔的要求，是不可以因為情緒或阿尼瑪，而去誘惑內在女性，或被內在女性所誘惑。所有的騎士，除了帕西法爾（還有聖杯傳說英文版本中的加拉哈德〔Galahad〕）之外，都在追尋中失敗了。也就是說，人生的追尋會遭遇許多次失敗，但意識（帕西法爾）絕對必須在追尋中保持真實的樣貌。不一定要完美或高分，但要保持清明的意識。

他與她─────────────────────────│第八章│
從榮格觀點探索男性與女性的內在旅程
HE: SHE:
Understanding   *Understanding*
Masculine Psychology,   *Feminine Psychology,*
revised edition   *revised edition*

長久的追尋

帕西法爾的騎士冒險經歷長久，大部分傳說認為是二十年。他越來越苦澀、幻滅，離心愛的白花越來越遠，忘了自己為何會在騎士的旅程中揮劍；對自己所作所為越來越無法理解，也越來越感受不到喜悅。

這就是男性中年階段的乾旱年代：他越來越不知道自己所為何來，被問到人生的意義時，回答常常言詞閃爍。

帕西法爾在路上遇到了一群衣衫襤褸的朝聖者。他們對他說：「你為什麼在耶穌受難的這一天全副武裝騎著馬？難道你不知道今天是神聖週五？跟我們一起去找森林裡的隱者吧，說出你的告解，獲得赦免後就可以準備迎接復活節。」帕西法爾突然從他的黑暗幻象中清醒過來，但並非受到啟發，而是依循慣性跟隨朝聖者隊伍前往尋找老隱者。

內在的隱者

隱者是人類天性中極度內傾的部分（introverted part），他在偏遠的角落等待並儲存能量，就是為了這個時刻。人的前半生通常都是由外向性來掌控，這也是正確的狀態。但當外傾（extroversion）性完成任務，並在人生旅程中非常珍貴的階段好好發揮之後，下一步，我們就必須與內在深處的隱者對話。西方文化其實不擅長這個步驟，只有極少數人才知道如何引導

出內傾本質的才能，進入下一個階段。對現代人來說，常常是在生病、受傷，或陷入某種動彈不得的狀態時，才會迫使自己轉向內在沉澱下來。隱者扮演著高貴的角色，如果你帶著榮耀與尊嚴走向他，就會獲益良多。如果是意外或疾病被牽引到隱者面前的人，多半只剩下少許尊嚴了。不過不論如何，到了人生的中年階段，隱者都會出現在你面前，不管是帶著尊嚴或是失去尊嚴。

要正確地理解隱者，至少必須簡單地談談那些天生隱者氣質非常強烈、主要人格呈現出隱者狀態的人。這些人是極少數的天生隱者（高度內向的靈魂），必須孤獨地居住在森林裡（象徵性的說法），儲備能量，以等待自己的特質變得重要、累積到最高價值之時，好好地為人類貢獻。這種隱者類型的人幾乎沒有辦法打敗紅騎士，也很少嘗到勝利桂冠的滋味。在現代社會中，他們很少獲得鼓勵或增強，多半過著孤獨寂寞的生活。但總有一天，我們會需要這樣的人，才能轉換到人生的下一個階段，不管是幫助身為隱者的自己，或是周遭的其他人。知道這項特質的效用，對於隱者本身來說是一種保障。所以請對自己的隱者特質好一點，或是對周遭朋友中的天生隱者好一點。如果你的兒子是天生隱者，不要強迫他經歷紅騎士的冒險，而是要讓他找到自己的森林之道。

帕西法爾來到隱者面前，再次體會到類似醜惡少女那時的

經驗。帕西法爾一個字都還沒說,老隱者就明察秋毫地開口責備,列出一長串他所犯的錯誤與失敗。當然,最糟糕的就是他沒有在聖杯城堡問出那個可以治癒漁夫王的問題。

很快地,隱者變得溫和,帶著帕西法爾上路,循著指示往前走,左轉,過吊橋。聖杯城堡向來近在身邊,但只有在青春期與中年階段才比較容易進去。

克雷蒂安偉大的《聖杯故事》就寫到這裡!有人猜測詩人剛好此時過世,有些人覺得可能部分手稿遺失,但我認為更有可能是作者覺得該說的都說完了,所以停筆。來自集體無意識的偉大故事演化到這個階段,作者在已經無話可說時謙遜畫下句點。我覺得就整體來說,一直到今天,神話的進展其實不多。這是一個我們每個人內在未完成的故事,充滿力量,渴求更進一步的工作。如果你希望完成真正的騎士功業,那便拾起自己內在未完成的故事,繼續往前。說真的,每個人都是帕西法爾,而帕西法爾的旅程就是每個人自身的旅程。

有別的作者想要完成故事結局,但並不太成功。我們可以挑選其中一個續集來檢視,看看帕西法爾第二次造訪聖杯城堡的結果。

聖杯城堡一直都是往前走,左轉,就到了。一個人只要保持謙遜與善良的態度,就能找到內在的城堡。經過二十年毫無結果的追尋,帕西法爾終於擺脫了傲慢自大的態度,現在他準

備好進入自己的城堡了。

再度來到聖杯城堡

往前走，左轉，過吊橋，橋突然升起，打到坐騎的後蹄。在通過進入聖杯城堡的轉換之地，總是非常危險。

帕西法爾發現同樣的儀式隊伍仍在進行。一名美麗的少女，帶來刺穿耶穌基督的聖槍；一名少女，帶來最後晚餐使用的盤子；一名少女最後捧著聖杯進來。受傷的漁夫王躺在擔架上呻吟，痛苦地處於生與死之間。

如今，神奇的事情發生了，帶著二十年的成熟與經驗，帕西法爾問出了對人類貢獻最大的問題：究竟誰是聖杯的主人？

多麼奇怪的問題！對於現代人來說實在難以理解！本質上，這算是我們能夠問出最深奧的問題：人格的重心在哪裡？人類生命的意義中心在哪裡？大部分現代人會用我們這個時代可以理解的詞彙問出這個問題，然後回答：「我」是人格的重心，「我」努力改善我的生活，「我」認真朝自己的目標邁進，「我」逐漸累積自己的財產，「我」好好地形塑自己；或者是最常見的回答：「我」在追尋幸福快樂。也就是說我希望自己是聖杯的主人。我們要求大自然這個偉大的聚寶盆、偉大的陰性力量傾洩出世界上所有的財富：空氣、海洋、動物、石

油、森林，以及世界上所有豐盛的事物——我們希望自己是世界的主人。但問題一問出口，答案便馬上迴盪在聖杯城堡中：聖杯的主人是聖杯王。又是一個謎樣的答案。翻譯出來的意思就是，生命的主人是基督徒口中的神，榮格口中的自性（Self），或者是我們創造出的許多不同詞彙，用來指稱那些比自己偉大的事物。

也可以用比較不詩意但也許更容易理解的語言來解釋，榮格認為生命的過程，是將人格的重心從自我轉移到自性。對他來說，這是男性的人生志業，也是全人類努力的意義中心。當帕西法爾知道自己不再是宇宙的中心，甚至不是自己小小王國的中心之後，便不再感受到疏離，聖杯也不再與自己有距離。雖然接下來日子裡，他可能會在聖杯城堡進進出出，但現在永遠不需要擔心找不到城堡了。

更令人驚訝的是，漁夫王的傷口癒合了，歡欣鼓舞地站起身來。奇蹟發生了，治癒的傳說完成了。在華格納的歌劇《帕西法爾》中，受傷的漁夫王起身之後唱了一首充滿力量、振奮而美妙的歌曲。這是整個故事的高潮！

那麼，之前提到的我們不認識的聖杯王是誰呢？他是王國的真正國王，住在聖杯城堡的中央，只攝食聖體與聖杯中的聖血。他是稍微有所偽裝的神，是聖靈降臨到世上，或是榮格學說所說的自性。只有在我們做好準備，完成「清晰有理地提

問」這項工作後，才能夠聽到內在中心的聲音。而了解這項事實，會讓我們知道自己的渺小。

生命的目標並非追求快樂，而是服侍神或聖杯。所有對於聖杯的追尋，都是為了服侍神。如果能夠了解這一點，丟掉自己對生命意義的愚蠢想像，以為就是追求個人的快樂，我們會發現那難以捉摸的特質就在眼前。

托爾金的當代神話《魔戒》（ *The Fellowship of the Ring* ）也出現相同的主題：必須從濫用力量的人身上收回力量。在聖杯神話中，力量的本源是給予神的代理人。在托爾金的神話中，邪惡之手原本要使用力量的戒指摧毀世界，但最後力量的戒指從邪惡之手中收回，回到最初誕生的大地。早期的神話通常述說的是發現力量的過程，以及力量如何從大地崛起，來到人類手中。近期的神話則述說力量本源的返還，在人類使用力量毀滅自己之前，回到大地或是神的手中。

故事中有個細節特別值得觀察：帕西法爾只需要「問出」問題，不需要回答。當一個人因為確定自己永遠都無法擁有足夠的智慧找到不可解問題的答案而感到沮喪的話，至少要記得，雖然自我有義務問出清晰有理的問題，但並不需要回答。問出好問題，其實就等同於提供答案。

聖杯城堡內歡聲雷動。聖杯出場，將聖餐分享給在場的每個人，包括剛剛痊癒的漁夫王。一切都如此完美、充滿喜悅、

健全。

　　真是矛盾啊！如果向聖杯祈求快樂，反而無法得到快樂。但如果好好地服侍聖杯與聖杯王，你會發現接下來發生（happen）的事情便是獲得快樂（happiness）。文字遊戲呈現的其實是領悟的定義。

　　雖然是用不同的語言形式表達，同樣的主題也出現在禪宗的《十牛圖》（Ten Oxherding Pictures）中。《十牛圖》是畫家用一系列十張圖畫呈現出領悟的過程。第一張「尋牛」，尋找內在本質；第二張「見跡」，看到牛的腳印；第三張「見牛」。持續到第九張「反本還源」，主人翁馴服了牛，與牛建立平和的關係，安靜地坐下來欣賞風景。疑問就在此時浮現：水自茫茫花自紅？榮格學者目幸默僊（Mokusen Miyuki）認為，這句頌詩可以直接翻譯成：「溪水自行流動，花朵自行轉紅。」中文的「自」，也就是「自行、自己」，同時出現在道家思想的詞彙中，那就是「自然」，意思是，大自然具有創造性與自發性地運作，不分內在與外在。也就是說，「自然」用於心理學層面，指的是現實生活中的自我實現，或是自性在自然中落實對於創造的渴望。

　　《十牛圖》到了第十張「入鄽垂手」，主人翁平和自在地走在街上，沒有人特別注意，看起來非常普通，只除了所有的樹在他經過時都突然開了花。

　　　　　　他與她：從榮格觀點探索男性與女性的內在旅程

從禪宗如此不同的角度，來討論溪水流動或紅花盛開的意義，讓我們對追尋有了更深刻的理解。

法國思想家亞歷西斯‧德‧托克維爾（Alexis de Tocqueville）在一百多年前來到美國，精準地觀察到一些美國人獨特的想法。他認為我們的憲法一開頭的概念就有問題：追求快樂。我們不能追求快樂，去追求快樂反而得不到快樂。如果努力完成人生的任務，將人格重心重新定位在自我之外更偉大的事物上，自然就能獲得快樂。

在這主後的年代，我們準備好要問出聖杯問題：我們有權利砍伐樹木、濫墾土地，殺光所有的鵪鶉嗎？答案逐漸變得清晰。問題的第一個音節已經箭在弦上。如果我們能夠傾聽這個古老的故事：天真愚者偶然間第一次進入聖杯城堡，經過一番努力又得到第二次機會後，就能為這個現代社會找到充滿智慧的建議。

II

她

他與他──────────────────── │第九章│
從榮格觀點探索男性與女性的內在旅程
HE: SHE:
Understanding   *Understanding*
Masculine Psychology, *Feminine Psychology,*
revised edition   *revised edition*

導論

在探討女性人格方面，艾洛斯與賽姬的希臘神話是最具有啟發性的故事之一。這個古老的神話出現在基督教誕生之前，古典希臘時期第一次用文字記錄下來，在此之前也口頭流傳已久，但對今日的我們來說，仍然非常重要。

這個故事讀起來感覺並沒有那麼奇怪，因為人類的生理結構不管是在古希臘時代或現代，其實都差不多。所以人類人格的無意識心理動力也十分類似。基礎的人類需求，在生理與心理方面，都保持穩定，雖然這些需求獲得滿足的形式會隨著時代變動。

這就是為什麼研究人類行為與人格基本模式時，回頭分析最早的文本，最能獲得啟發。因為故事的敘述通常簡單直接，我們不會落失任何應該學習的部分。同時我們也可以與當代進行比較，發現其中的變動與差異。

神話的角色

神話是擁有豐富心理洞見的題材。偉大的文學，就像所有偉大的藝術一樣，深刻而精確地記錄並描述人類的狀態。神話是一種特殊的文學，並非由單一個人書寫或創造而成，而是透過一整個世代與文化的想像和經驗醞釀出來，可以看做是整體文化夢境與經驗的精華。這些神話經過漫長時間的發展，浮現

出特定主題，然後延伸開展，人們感到興趣的故事會一再受到傳誦，最後完熟圓滿。因此，正確而普遍的主題會流傳下去，而只適用於單一個體或單一時代的元素會逐漸消逝。所以神話所描述的是一種集體影像，傳達的是適用於所有人類的真理。

這和現今對於神話的理性定義不同，我們認為神話是不真實或是一種想像。我們會聽到大家說：「拜託，那只是神話，根本是假的。」故事的細節可能無法考證，或甚至天馬行空，但事實上，神話不管就深度或普遍性而言，其實再真實不過。

神話可能是傳說或是幻想的產物，但卻極其真實。神話描述的現實層次包含了外在的理性世界，以及較不為人理解的內在世界。

對於狹義的現實感覺混亂，是小小孩在做了惡夢之後常出現的想法。父母可能會安慰他說：「那只是做夢，怪獸是假的。」但小孩不相信，而且事實的確如此。對她來說，夢境是真的，就和其他外在經驗一樣鮮活真實。他夢見的怪獸活在他的腦子裡，而不是他的臥室。儘管如此，可怕的現實卻是怪獸擁有掌控孩子情緒與生理反應的力量。對孩子來說，怪獸是內在的真實，無法也不應該去否認。

許多心理學家仔細研究過神話。舉例來說，榮格對於人類人格底層結構的研究中，就特別處理了神話的課題。他發現神

話傳達的是一種基礎心理模式。我們也希望能從同樣的角度去分析艾洛斯與賽姬的神話。

首先我們必須學習如何用神話的方式思考。在我們接觸到神話、童話與自己的夢所帶來的思考時，會發生強烈的感覺。古老神話的描述與設定很奇怪，對我們來說感覺原始而遙遠。但只要仔細聆聽、認真面對，就會開始聽見並理解。有時候一些象徵的意義會需要翻譯，但只要看出如何運作，就不會太困難。

許多心理學家將艾洛斯與賽姬的神話用女性人格陳述的角度來解釋。也許在本書一開始就應該先澄清，我們所說的女性／陰柔特質，到處都可以發現，女性身上有，男性身上也有。如果將這個故事限制在女性人格上，會顯得太過狹窄。

榮格醫師透過深刻的洞察與分析告訴我們，就像基因上所有男性都擁有隱性的女性染色體與荷爾蒙，所有的女性在心理特徵上也擁有男性的陽剛特質，構成其內在的隱性元素。男性的陰柔面向，榮格醫師稱為阿尼瑪。女性的陽剛面向，則稱為阿尼姆斯。

有許多研究都分析過阿尼瑪與阿尼姆斯，之後我們也會更進一步討論。現在，只要我們說到艾洛斯與賽姬神話中的女性陰柔面向，就不只是指涉女性，同樣是在說男性的女性陰柔面向，也就是阿尼瑪。這個連結對女性較為明顯，因為陰柔面向

是她主要的心理特質，但也可以與男性心理運作的內在女性面向進行對比。

他與她───────────────│ 第十章 │
從榮格觀點探索男性與女性的內在旅程
HE:　　　　　　　SHE:
Understanding　　*Understanding*
Masculine Psychology,　*Feminine Psychology,*
revised edition　　*revised edition*

賽姬的誕生

故事從這句話開始：從前從前，有一個王國。這句話讓我們知道，接下來會深入認識與了解的這個王國，就是我們自己的內在世界。如果傾聽故事古老的語言，就會看見這個極少受到現代理性心智探索的內在領域。資訊與洞見的金礦，就蘊藏在這句短短的話語：從前從前，有一個王國。

故事開始

國王、王后，還有他們的三個女兒。前兩個女兒是普通的公主，沒有什麼特殊的地方。

第三個女兒是內在世界的完整體現，甚至連名字都叫賽姬（Psyche），意思是「靈魂」。她會帶著我們踏上通往內在世界的旅程。她既屬於神祕的王國，也屬於世俗的王國。

你認識自己內在的三位公主嗎？誰會沒注意到自己平凡的部分，以及特別脫俗、但在世俗的日常生活中又特別駑鈍的內在自性？

絕美脫俗的公主擁有如此強大的力量，人們開始傳說：「公主是新的愛與美化身，是取代舊女神的新女神，會將阿芙洛黛蒂逐出神廟，完全取而代之。」阿芙洛黛蒂忍受屈辱，看著自己神廟中的聖火逐漸冷卻，大家轉而拜倒在小公主裙下。

阿芙洛黛蒂從一開始就是代表愛與美的女神，沒有人知道

究竟已經多久。要她看著新的愛與美女神取代自己，簡直不可忍受！她的憤怒與嫉妒足以毀天滅地，故事的所有情節發展就在此刻定調。激起眾神的憤怒，或要祂們改變心意，絕對會撼動人類內在世界的根基！

神話元素

　　阿芙洛黛蒂與賽姬這兩位女神的源起很有趣。天空之神烏拉諾斯最小的兒子克羅諾斯相當擅長工藝，有一次在打造鐮刀的時候，失手閹割了自己的父親。烏拉諾斯的生殖器掉入海中，滋養了海水，於是誕生了阿芙洛黛蒂。阿芙洛黛蒂的誕生，由義大利畫家波堤切利繪製成不朽的名畫「維納斯的誕生」[1]：她，帶著所有的女性光輝與特質，誕生在海浪包圍的貝殼上，亭亭玉立。這就是原型女性陰柔特質的神聖起源，與人類身分的賽姬形成鮮明對比。賽姬的誕生，據說是由天空落下的露珠所孕育。多麼奇妙的描述！但如果你能了解其中互古恆久的訊息，就知道這樣的描述充滿了心理學層面的洞見。

　　從合宜的角度去理解兩位女神誕生的不同，就能區分兩種女性陰柔特質的天生差異：阿芙洛黛蒂是從海中誕生的女神，具有如海洋般遼闊的原始女性力量。從時間一開始就存在，掌管著海底的王國。從心理學層面來說，她掌管了由海水象徵的

無意識。在一般意識清明的狀況下，幾乎無法靠近；可能需要藉由潮汐的力量才有機會接觸。這樣的原型女性力量，我們可以景仰、崇拜，甚至臣服，但如果要與之建立連結，卻是極端困難。這是賽姬的任務，從人類這方有利的角度，去連結並調和偉大遼闊的原型女性力量。這就是我們的神話。

每一位女性內在都有一位阿芙洛黛蒂。我們會認知到她強大的女性力量，以及超越個人、遙不可及的崇高與偉大。

阿芙洛黛蒂與她的臣下擁有許多不可思議的故事：一名僕人會帶著鏡子走在女神前面，好讓她隨時可以檢視自己；一名僕人會不時幫她噴灑香水。女神善妒，無法忍受有任何人比她還美。另外女神還忙著撮合婚姻，每一對夫妻都要忙著生養孩子，才能讓她滿意。

阿芙洛黛蒂是將所有經驗反映回到我們自己意識中的原則。當男性忙著擴展、探索、發現新的事物，阿芙洛黛蒂則是在反映、鏡射、同化。阿芙洛黛蒂的鏡子，象徵著愛之女神的奧祕特質。她經常會給人類一面可以看見自己的鏡子，如果沒有這面鏡子的幫助，就會無助地卡在投射的狀態中。問問自己鏡子反射出來的是什麼，就能夠真正開始理解，避免讓自己卡在無法解開的情緒糾結之中。這並不是說外在世界沒有發生任何事情，但重要的是要清楚明白，我們內在本質中的許多部分，會粉飾成為外在事件的影響，事實上這些情緒應該投射回

最初發生的我們的主觀之中。阿芙洛黛蒂提供鏡子的機會比我們願意承認的頻率要高。談戀愛的時候，如果在對方身上看見類似神祇才會擁有的特質，那就是阿芙洛黛蒂反映出我們內在的永恆與神聖性。我們極不願意將自己的優點視為缺點，在鏡像投射出的狀態與真正的成就之間通常會有一段長時間的掙扎。賽姬從與艾洛斯相戀到發現自己的永恆，也走了很長一段的旅程[2]。

　　阿芙洛黛蒂在未來媳婦的眼中，呈現的是大母神的形象。女性在世界上呈現出美麗與優雅的狀態時，通常就是阿芙洛黛蒂或是維納斯的能量在運作。但是阿芙洛黛蒂遇上媳婦，產生嫉妒心與競爭心，每一次都使盡力氣想整倒賽姬。各地文化都可以看到類似的婆媳劇碼，這是一種相當能夠促進年輕女性成長歷程的心理刺激。年輕女性在面對婆婆力量系統的過程代表邁向女性成熟之路。她不再是當初那滴天真無邪落入世界與婚姻的露珠。

　　對於現代、理性、智慧的女性來說，發現自己擁有阿芙洛黛蒂的特質，具有玩弄原始天賦把戲的能力，其實很尷尬。阿芙洛黛蒂常常展現出暴君的一面，認為自己說的話就是聖旨。

　　很自然地，在演化的過程中如果出現新的女性力量，原有的女神就會因此感到憤怒，她當然會用盡一切手段打倒對手。所有的女性都很清楚知道這一點，她在自己突然退化時，顯現

出阿芙洛黛蒂的特質；當她被這種原始的本性擄獲，就會變身成為可怕的角色。只有在相當罕見、充滿智慧的家庭氛圍中，阿芙洛黛蒂即使突然爆發，也可以透過真名的呼喚，讓這股崇高的能量發揮真正的用途。

阿芙洛黛蒂的能量是一種珍貴的特質，有助於個人的發展，施展她可怕的力量能讓周圍的人進而成長。一旦成長的時刻到來，舊的方法與習慣都必須迎接新的概念。不管從哪個角度，舊的方法看起來都像是會阻礙新的發展，但只要堅持下去，便能夠產生新的意識。

有個故事是關於在人類豢養之下誕生的第一隻象寶寶。一開始飼主很開心，但在看到飼育場裡其他大象圍成一個圓圈，輪流拋接這隻象寶寶時，他嚇壞了，以為其他大象是要殺死象寶寶，其實牠們只是要讓象寶寶學會呼吸。

通常新生命誕生時，最可怕的事情似乎就要發生，但後來我們會發現，這些都是新生命最需要的事物。阿芙洛黛蒂每次都遭受批評，可是她所做的每件事，都實實在在促進了賽姬可能的演化。事後當然很容易以樂觀的態度面對，但在事發當下卻是如地獄之火般痛苦。這段期間，有一種內在混亂的演化戰爭正在發酵。舊的方法，也就是阿芙洛黛蒂的本質，不斷退化，把女性拉回到無意識的狀態，同時又強迫她往前進入新的生活，這有時需要冒著極大的風險。演化也許可以用別的方

式達成，但有時候阿芙洛黛蒂又是唯一能夠促進這種成長的元素。舉例來說，有些女性除非遇到暴虐的婆婆或繼母，否則無法脫胎換骨。

碰撞

現代女性的混亂情緒，大部分是由於自身阿芙洛黛蒂特質與賽姬特質的碰撞所造成。透過架構了解整個過程是有幫助的：假如讓女性了解正在發生的狀況，就能好好地邁向新的意識層次。

1　原註：維納斯是阿芙洛黛蒂的羅馬名。

2　原註：這裡的詮釋是來自貝蒂・史密斯（Betty Smith）的啟發。

他與她─────────────────────────│第十一章│
從榮格觀點探索男性與女性的內在旅程
HE: SHE:
Understanding   *Understanding*
Masculine Psychology,   *Feminine Psychology,*
revised edition   *revised edition*

賽姬的少女時代

討論過一些關於阿芙洛黛蒂的特質，了解較為古老與原始的女性力量之後，接下來就是探討嶄新的女性力量表達方式。不像阿芙洛黛蒂是從海中誕生，賽姬的誕生是落到地面的露珠幻化而來。從阿芙洛黛蒂的海洋，演變到賽姬的陸地，代表著從早期如同大海一般的女性特質，演變到更為接近人類的嶄新型態。從大海的遼闊，我們遷移到較小較能理解的規模。

　　賽姬的特質如此華美、天真、脫俗、純潔，所以大家膜拜她，卻不敢追求她。這種非常明顯的孤獨感，讓可憐的賽姬找不到另一半。

　　從這個角度來看，所有女性身上都有賽姬，也因此充滿了強烈的孤獨感。每一位女性，就某部分來說，都是國王的女兒。對這個平凡的世界來說，她的存在太過美好、太過完美、太過深刻。當女性發現自己孤獨一人，不被了解，周遭人們都對她很好，卻又保持著一定的距離，她就會明白自己內在所擁有的賽姬特質。對女性來說，這是相當痛苦的經驗，而且多半無法明瞭本源究竟為何。受到這種女性特質束縛，就會停留在未曾受到開發、產生連結的狀態。

　　如果女性想要將內在的賽姬特質運用在日常的施與受關係中，就會發現狀況變得一團混亂。如果本身的賽姬特質太過強大，那就有得受了，很可能會常常大哭著說：「可是沒有人了解我。」的確如此！所有的女性內在都擁有這樣的特質，不管

目前人生走到哪個階段、處於哪種狀態，沒有任何差別。如果你在一個女性身上看到這種特質，也能夠觸動連結，那麼她便能覺察到內心賽姬的美麗與神聖，展開崇高的演化。

對於貌美的女性來說，問題更複雜了。瑪麗蓮夢露就是讓人印象深刻的例子。全世界的人都喜愛她、膜拜她，但她卻很難跟任何人建立親密關係，最後再也忍受不了自己的人生。這樣的女性擁有女神般的特質，是幾乎無法靠近的完美存在，所以在平凡的人際關係中找不到容身之地。只要了解這種動力機制，就能啟動賽姬必須經歷的演化。

我看過一部電影，內容是講述兩名重度殘障人士，在療養院中相遇、相愛。透過奇幻的魔法，他們在對方眼中變得無限美好，這對郎才女貌開始了美麗的戀情。電影的最後，鏡頭拉回到現實，觀眾看到兩人殘缺的長相。但我們知道他們經歷了什麼，知道他們看到對方內在的神性，所以外在現實中的缺陷就算不了什麼。這就是內在女神與外在平凡日常之間的缺口，也是故事的中心所在。

婚姻

賽姬讓父母感到絕望，因為她的兩位姊姊都幸福地與鄰國國王結婚，卻沒有人前來向賽姬求親。男人對她只有崇拜。國

王前往尋求神諭，剛好降臨在祭司身上的是阿芙洛黛蒂。出於對賽姬的嫉妒與憤恨，她讓女祭司說出了可怕的預言！賽姬會嫁給死神，世界上最醜陋、最可怕、最恐怖的怪物。賽姬要被帶到山頂，用鐵鍊綁在岩石上，遭受恐怖怪物死神的凌虐。

神諭在希臘社會具有不可撼動的地位，人們視其為絕對的真理。賽姬的父母相信了神諭，安排送親的隊伍，事實上是送葬，並按照指示將賽姬綁在山頂的岩石上。洶湧的淚水、華美的婚禮、陰鬱的葬儀，全部混雜在一起。最後賽姬的父母熄滅了火炬，獨留賽姬一人在黑暗中。

我們能怎麼辦？賽姬要結婚，卻是嫁給死神！事實上，少女的確在結婚的那天死亡，人生的一個階段結束了，到目前為止的人生所展現、所熟悉的許多女性元素，也告一段落。從這個角度來看，婚禮的確就是葬禮。許多婚禮的風俗其實都是從原始時代流傳下來的葬禮儀式。新郎會帶著伴郎與親友前來搶親，伴娘是新娘貞潔的守護者。伴隨著類似戰爭的儀式，新娘因為自己少女時代的死亡而哭泣。新生活在她面前展開，婚宴是為了慶祝自己成為新娘與主母（按：一家之母），獲得新的力量。

我們並未充分了解婚姻的雙重層面，只覺得結婚就是純白與喜悅。舊有人生階段的死去也應該受到尊崇，不然這些情緒會在之後以不太合宜的形式浮現。舉例來說，有些女性可能會

他與她：從榮格觀點探索男性與女性的內在旅程

在結婚幾個月、甚至幾年之後，強烈怨恨起婚姻。

我看過幾張土耳其婚禮舞會的照片，幾個八、九歲的男孩，一隻腳彎起來和大腿綁在一起，用另一隻腳單腳跳躍著。這是在提醒大家，婚禮上喜悅與痛苦並存。

非洲的婚禮上，如果新娘沒有帶著傷痕入場，婚禮就不受到認可。除非經過搶親的過程，不然就不是真正的婚禮。婚禮的犧牲元素必須發揮作用，婚姻才可能產生喜悅。阿芙洛黛蒂不像少女一樣會死於男性之手，她的特質不會被男性帶走，因此女性內在的阿芙洛黛蒂會在少女時代面臨尾聲時哭泣。阿芙洛黛蒂扮演著矛盾的角色，一方面渴求婚禮，一方面又悔恨失去了少女的身分。古老時代的回響現在仍深深地刻劃在我們身上，並透過有意識的儀式備受尊崇。

於是我們再次觀察到演化的矛盾。阿芙洛黛蒂詛咒賽姬，想置她於死地，但卻也撮合了自己反對的這場婚禮。演化朝著婚姻向前進，但也伴隨著向後退的拉力，這股牽引是在渴求單身時代的自主與自由不要改變。

我看過一部深具啟發的動畫，內容概括了婚禮中的原型力量。動畫呈現出雙方主婚人在婚禮進行時的想法：新娘的父親感到氣憤，覺得新郎膽大包天，竟敢搶走他的寶貝女兒；新郎的父親感到振奮開心，因為男方在社會上擁有強勢的地位；新娘的母親感到害怕，覺得新郎人面獸心，即將帶走她心愛的孩

子；新郎的母親感到惱怒，兒子受到狐狸精引誘，就要離開自己身邊。人類心靈的無意識中，藏著經過長時間演化的許多古老原型，以及深埋在思想與行為中的模式，這些都透過這部動畫呈現出來。如果我們沒有在適當的時間觀察到這些模式，這些模式之後也會浮現出來，造成更多的麻煩。

他與他───────────────│第十二章│
從榮格觀點探索男性與女性的內在旅程
HE:　　　　SHE:
Understanding　　*Understanding*
Masculine Psychology,　　*Feminine Psychology,*
revised edition　　*revised edition*

艾洛斯

阿芙洛黛蒂為了達成毀滅賽姬的心願，找來兒子愛神艾洛斯幫忙。艾洛斯（Eros）、埃默（Amor）、邱比特（Cupid），都是愛神擁有的名字。不過邱比特已經降級到印製在情人節卡片上，埃默聽起來又不夠莊重，所以就使用艾洛斯這個名字來稱呼這位高貴的神祇吧。

　　揹著箭筒的艾洛斯，是奧林匹斯山上所有人的麻煩，即使神也無法逃過他的惡作劇。但是艾洛斯還是翻不出母親的手掌心，奉命要讓賽姬狂熱地愛上前來侵犯她的可怕野獸，終結掉賽姬對阿芙洛黛蒂的威脅。阿芙洛黛蒂的其中一個特質是她會不斷倒退，回到原點。她希望事情永遠保持不變，希望永遠不要向前演化。她代表傳統的聲音，諷刺的是，就是這樣的傾向讓我們的故事向前演化邁進。

　　我們可以從許多不同層次來討論艾洛斯，可以把他看成是真實的男性、丈夫或任何關係中的男方；也可以看成合一的理念，以及在故事的高潮所達到的和諧狀態。艾洛斯不只代表性欲：記得他的箭瞄準的是心，而不是生殖器。接下來的神話故事會繼續討論艾洛斯的各種面向。

死亡婚禮

　　艾洛斯原本打算遵照母親的吩咐，但當他看到賽姬時，

箭不小心刺到自己的手指，就這樣愛上了賽姬。他立刻決定要讓賽姬當自己的新娘，並請求朋友西風，小心地將賽姬從山頂舉起，移到天堂谷。西風幫了這個忙。原本以為會被死神抓走的賽姬，發現自己來到了人間天堂。她並未詢問艾洛斯任何問題，而是沉浸在出乎意料的好運。艾洛斯來到賽姬面前，即使他長得俊美無比，對賽姬來說也是死神。所有的丈夫對自己的妻子來說都是死神，因為他們終結了妻子的少女身分，強迫她們邁向成熟女性的演化之路。這其實很矛盾，但當有人強迫我們開始成長，的確可能同時產生感謝與怨恨兩種心情。神喻沒說錯，從原型的角度來看，男性對女性來說的確是死神。男性看到伴侶臉上痛苦焦慮的表情，就該更加小心溫柔，因為她可能覺察到自己正一點一滴失去少女的身分。如果這時男性能夠展現溫柔體貼的一面，會讓女性好過一些。

很少男性能夠理解，婚姻對女性來說，是死亡也是重生，因為男性的人生中並沒有相對應的階段。婚姻對男性來說不是犧牲，但在女性的經驗中，犧牲占了很大一部分。女性可能會突然驚恐地看著丈夫，了解自己受到婚姻的束縛，但丈夫並沒有；如果有了孩子，這個束縛更沉重。也許她會後悔，但人生不經歷這一段，又可能比死亡還糟糕。

有些女性即使到了五十歲，可能連孫子都有了，但從沒到過死亡的山頂，雖然已經邁入中年，露水般的特質仍然存在

她們的世界。但也有些才十六歲的年輕女孩，就有過這樣的經驗，並且存活下來，從她們眼中可以看到駭人的智慧光芒。

這些事情不是到了某個特定年齡就會自動發生。我認識一個女孩，十六歲時生了小孩。她偷偷地生下孩子，默默把寶寶送養，從此不再相見。她回到原本的生活，一點都沒有改變，沒有從死亡山頂學到任何東西。幾年後，她結婚了。如果要說少女的純真，她的確還保有這樣的特質。從心理層面來說，她沒有過任何性經驗，即使已經歷了生產的過程。

女性內在的艾洛斯可以在人生中不同階段結束屬於少女的天真無邪，不一定只在結婚的時候。許多女孩在生命早期就發生過這樣殘酷的經驗，但也有些女孩從來沒有經歷過。

婚姻對男性來說，完全不是女性經驗的那樣。透過婚姻，男性的地位更加穩固，力量更加強壯，身段與位階都提升許多。一般來說，他並不了解自己正在殺死新婚妻子內在的賽姬，但這又是必須歷經的過程。如果妻子行為怪異，或者狀況非常不對勁，又或者淚水不斷，丈夫通常也不會了解，這是因為婚姻對妻子來說，跟他體驗到的完全不同。妻子必須經歷過死亡山頂，才能來到婚姻中新的高度。

天堂樂園

　　賽姬發現自己身處美麗的樂園之中，應有盡有，心想事成。愛神丈夫艾洛斯每天晚上都會陪在身邊，只規定一件事：他要賽姬承諾絕對不可以看他的臉，也不可以探究他的所作所為。賽姬想要什麼都行，可以住在天堂樂園中，但不能要求認識他、看他。賽姬同意了。

　　大概所有的男性都希望自己的妻子能這樣。如果妻子可以不要想擁有自己的主張、按照丈夫的方式做事，那麼家裡就能保有絕對的寧靜祥和。丈夫要的是傳統的父權婚姻，男性決定所有重要的事項，女性只要同意就好，家和萬事興。大部分男性都心懷夢想，渴望事情可以這樣進行，至少要有一小段時間的婚姻能夠如此。

　　這樣的狀態應該算是某種原始父權架構的回響，女性要服從男性。現代社會習俗，仍有這種父權世界的遺痕，例如冠夫姓。艾洛斯堅持賽姬不可以提出任何問題，不可以看到自己的臉。這些都是父權婚姻的條件。

　　每個不成熟的艾洛斯都非常會打造天堂樂園。這就是青少年，男孩想要帶走女孩，承諾她會永遠過著幸福快樂的日子。這就是荷爾蒙分泌旺盛的艾洛斯，想要擁有天堂樂園，但不願承擔責任，不願建立清楚明白的關係。所有的男性多多少少都

有一點這種想法。女性希望演化與成長，在神話中，大多數的成長都來自女性元素。但這個想法對男性來說非常駭人，他只想留在樂園裡。

傾聽愛人打造樂園！甜言蜜語建構出另一個世界，也就是天堂樂園。我們從中了解真正樂園的大致樣貌，但也知道必須透過長久的勤奮努力才能達成。我們無法批評這樣的願景，但旁觀者知道，對天堂樂園的驚鴻一瞥其實並不穩定持久。

男性無意識地希望與妻子達成協議，不要她過問自己任何事情。通常男性對婚姻的態度，是回到家理所當然就要存在，但不應該成為累贅。他希望自己需要專注在別的地方時，就可以沒有任何顧慮地遺忘婚姻。對女性來說，發現丈夫是這樣的態度，是很大的打擊。婚姻之於女性，是完整的承諾，但對男性並非如此。我記得有位女性告訴我，當她發現婚姻只是丈夫生活的一個面向，但卻是自己重要的全部時，哭了好幾天。她發現了丈夫內在那屬於艾洛斯想要打造天堂樂園的本質。

失樂園

所有的樂園都會崩毀。每一個樂園中都會有一條蛇，造成與伊甸園的平靜安詳完全相反的狀態。

蛇很快地出現在賽姬的天堂樂園中，那就是她的兩位姊

姊。她們原本為了失去妹妹而哭泣，即使並不那麼真心。後來聽到賽姬住在天堂樂園裡，還嫁給了神，再也忍不住嫉妒！她們來到賽姬當初被綁起來的山崖，往下面的樂園呼喊妹妹的名字，送出她們的祝福，並問候妹妹身體健康。

賽姬天真地把這一切告訴艾洛斯。艾洛斯一再警告賽姬現在處境危險。他說如果真的理會兩位姊姊的打探，便會發生災禍。如果賽姬什麼都不問，她的孩子就會是永生不死的神。但如果她違背了誓言提出問題，孩子便會是個凡人女孩。更糟的是，要是她開始過問艾洛斯的事情，他就會離開她。

賽姬聽從了艾洛斯的話，再次許諾不會提問。兩位姊姊再次呼喊，最後賽姬請求艾洛斯的許可，讓姊姊們過來拜訪。不久後，西風便把兩位姊姊颳下山崖，安全地來到美麗的天堂樂園。她們讚嘆樂園中的一切，盡情享受玩樂。當然她們對於發生在妹妹身上的一切既羨慕又嫉妒。她們問了許多問題，而賽姬也天真地依照自己的想像描述了從未照面的丈夫，還準備了許多豪華的禮物，讓姊姊們帶回家。

艾洛斯一再提出警告，但兩位姊姊又跑來。這次，賽姬忘了上次怎麼和姊姊們說的，又依照自己的想像描述了丈夫另一種樣貌。兩位姊姊回到家，討論之後擬定了一個惡毒的計畫。第三次前來拜訪，她們告訴賽姬，她的丈夫其實是一條蛇，是非常可怕的怪物。等到她生下孩子，就會把她跟孩子一起吃

掉！

　　兩位姊姊也擬定了計畫，要拯救賽姬脫離不幸。她們叫賽姬準備一盞油燈，用不透光的燈罩蓋起來，放在臥室；再準備一把鋒利的匕首，放在床邊。等到半夜，丈夫熟睡的時候，她就掀開燈罩，看清楚丈夫可怕的模樣，用匕首割下他的頭。賽姬迷迷糊糊地聽從了這個建議，準備親自揭發可怕丈夫的廬山真面目。

　　入夜後，艾洛斯來到床邊，睡在賽姬身旁。到了半夜，賽姬掀開燈罩，抓著匕首，站在丈夫身邊，第一次看清楚他的長相。最初是驚訝、困惑，然後滿滿的罪惡感，賽姬發現她的丈夫是神，是愛神，是奧林匹斯山上最俊美的生物！她嚇壞了，全身顫抖，幾乎想要為了犯下的大錯殺掉自己。沒想到她笨手笨腳地弄掉了匕首，反倒不小心刺到艾洛斯的箭頭，愛上了她初次謀面的丈夫。

　　她晃到了油燈，一滴燈油滴到艾洛斯的右肩。艾洛斯因為被熱油燙到而痛醒，發現了賽姬，於是展翅逃離。可憐的賽姬抓住艾洛斯，被帶著飛行一小段，剛好離開了天堂樂園的範圍。未久，她疲累而無助地掉落地面。艾洛斯照亮四周，責備她沒有遵守諾言，讓天堂樂園破滅。他告訴賽姬，就像之前警告過的那樣，她的孩子會個是凡人女孩，然後他會離開，以處罰賽姬犯的錯誤。最後艾洛斯飛回到母親阿芙洛黛蒂身邊。

現代劇情

　　這是許多婚姻中重複發生無數次的劇情。這麼古老、詩意又神祕的語言究竟告訴了我們什麼，關於女性自身與男女之間的關係，包括內在與外在？

　　賽姬的兩位姊姊是內在叨叨絮絮的聲音，而在現實中，則是負責破舊立新的角色。早午餐時間，喝咖啡聊是非，通常就是這兩姊妹醞釀破壞性計畫的時刻。她們常常一面挑戰舊有的父權世界，一面互相激勵對方提升意識的層次，卻不知道這需要比想像中付出更大的代價。我們勇敢地尋求意識，並願意為此付出像普羅米修斯一樣的代價。

　　姊姊們毫無止境地發問，其實是相當駭人的景象。雖然她們是為了意識的提升，但我們也可能被困在渴求發展進步的狀態中，毀掉自己的後半生。就像我們可能會一輩子待在死亡山頂，把所有的男性視為凶兆災星，也可能被姊姊們的追尋所束縛，泯滅男性想要創造的一切。

　　女性很容易與伴侶建立起各式各樣困惑的關係，他是愛神，他是山頂的死神，他是樂園裡的無名者，他是女性追求意識提升時的審查官。最後在女性展現了自身的女神特質時，他成了奧林匹斯山上的愛神。但對男性來說，一切都很困惑。每天回家，都要小心翼翼地在門口查看，不知道自己這次要扮演

怎樣的角色；再加上自己的阿尼瑪一起作用，編織出複雜但美麗的故事。

　　兩位姊姊是來自不預期本源裡對演化進展的需求，她們可能是賽姬的陰影。榮格認為，人格中的陰影元素，是個人所有潛能中受到壓抑或沒有活出的面向。雖然不受注意且欠缺發展，這些未活出或受壓抑的特質會保持原始的狀態，或是轉變成黑暗嚇人的元素。這些為善與為惡的潛能，雖然受到壓抑，但仍存在於無意識中，積蓄能量，直到最後開始恣意地在我們的意識生活中爆發，就像兩位姊姊在賽姬人生的重要時刻突然出現。

　　如果我們像賽姬一樣，有意識地覺得自己完全溫柔可人，那麼便是小看了黑暗的一面。陰影可能會突然浮現，將我們推出自我滿足的天真樂園，重新發現自己真正的本質。

　　榮格說，有意識地追尋成長，通常來自陰影的刺激。因此這兩位姊姊，代表了賽姬不完美、較不可愛的部分，其實盡職地發揮了作用[1]。

1　原註：C‧S‧路易士在他的著作《裸顏》（*Till We Have Faces*）中，很巧妙地處理了神話的這個層面，書寫了賽姬獨特可愛的天真個性，以及較不可愛的兩位姊姊如何反應。

他與她─────────────────│第十三章│
從榮格觀點探索男性與女性的內在旅程
HE: SHE:
Understanding   *Understanding*
Masculine Psychology, *Feminine Psychology,*
revised edition   *revised edition*

衝突

艾洛斯盡其所能地努力讓賽姬停留在無意識層面。他告訴賽姬，只要不偷看丈夫的臉或過問丈夫的事情，就能一直住在樂園裡，這是艾洛斯試圖掌控賽姬的方式。

在現實生活中，女性的部分人生通常會受到男性的掌控。如果警覺性夠，在現實中避免了這樣的狀況，也可能受到自身的內在男性阿尼姆斯的主宰。女性的人生進展史，可說是透過努力與生命中的男性理念建立關係，進而演化的過程，不論面對的是外在現實生活中的男性，或是自身內在的阿尼姆斯。男性的人生也有相對應的狀況，必須努力與生命中的女性理念建立關係，獲得智慧，不論面對的是現實生活中的女性，或是為了自身的內在女性阿尼瑪來奮戰。外在或內在，都會讓生命的故事更為豐富。

雖然生命獨特的建構方式無窮盡，但逐漸接受男性元素，其實是可預見的過程。年輕女性第一次接觸到的男性元素多半是父親，然後男性元素變成婚姻中吞噬自己的怪物，再來變成只要不問問題就會許你一個天堂樂園的艾洛斯，最後卻發現其實他真正的身分是愛神。不管是在生命故事之內或外在，都會在意識層面上耗去我們許多能量！

女性的生命故事通常會包含談戀愛、天堂樂園的發現與失去等篇章，如果順利的話，還能在成熟期再次發現天堂樂園，而且一如初始承諾那般美好。

追求的蜜月期，也就是天堂樂園，先是讓我們沉浸其中。賽姬發現自己身處於最美麗寧靜的花園中，所有的願望都在此實現。這裡是天堂樂園，也就是伊甸園，是完美之地，我們希望天堂樂園能夠持續到永遠，但每個樂園都會出現蛇或陰影的角色，突然中止美麗寧靜。

工具

陰影催促女性對樂園提出疑問，並給予精巧又可怕的工具來達到目的。一開始用燈罩罩住的油燈，就是能夠看清**真相**的能力，這是意識層面的能力。光一直都是意識的象徵，在男性或女性的手中都是。女性的自然意識非常獨特而美麗，是一盞油燈，燃燒大地或果實的油脂，發出特別溫暖又柔和的光，其中沒有刺眼的陽光成分，只有自然光溫柔的女性溫暖。自然之光（Luminea Natura）是這種光的其中一個名字。

另一項工具是鋒利的匕首。這兩項工具，賽姬只使用了一項。她完全沒有用到匕首，我認為這是神話給予的明智忠告，女性溫柔地照亮四周，會產生奇蹟；女性手中握著利刃，會造成傷害。轉化還是殺戮？這是非常重要的選擇，尤其對現代女性來說。先使用匕首，可能會造成重大破壞；先使用油燈，可能會獲得智慧與成長。如果她能小心地使用工具，便能帶來轉

化的奇蹟，讓艾洛斯發出真實的光，顯現神威，她也會很開心看到自己的光產生奇蹟。男性對於女性的無聲渴求，大部分是期望女性的光能夠照亮自己的本質與神性，讓雙方都能清楚看見。所有的女性都擁有這種既可怕又神奇的力量。

油燈是什麼？會照亮什麼？男性非常清楚自己是誰，也知道自己的內在有著神性這樣偉大的存在。但只有在女性用油燈照亮，看到了他內在的神性，男性才會覺得自己要活出這種神性，讓男性意識強大起來。當然他會因此顫抖！但又需要這種女性對自己價值的認知。如果生命中沒有女性存在，不管是內在或外在，可怕的事情就會發生在男性身上。因為通常有女性在場，男性才會記起自己內在最美好的部分。

第二次世界大戰時，有幾個兵團孤立駐守在阿留申群島。他們失去了「休息與放鬆」的機會，因為孤島的運輸出了狀況，沒有任何勞軍團能夠過來。超過一半的士兵精神崩潰。他們不想刮鬍子、剪頭髮，或做任何能讓自己看起來精神抖擻的事情，因為島上沒有女性；缺乏賽姬注視艾洛斯的目光，他們就記不得自己的價值。

如果男性感到挫敗，女性注視的目光或是任何護身符的象徵，可以讓他重新感受自己的價值。男性的內心似乎有一塊特別的空白。大部分男性是從女性、妻子、母親身上感受到最深刻的自我價值與肯定，或者如果他們有高度意識，就會從內在

的阿尼瑪感受到。女性透過點亮油燈看到男性的價值，也讓男性確認自己的價值。

有一次我在處理一件家庭糾紛時，目睹了女人凶猛揮舞著匕首的場面。她細數丈夫犯的錯誤，指責他常常很晚才下班回家。丈夫說：「你難道不知道我是為了你才在混帳的辦公室待那麼晚嗎？都是為了賺錢養家啊！」妻子崩潰了，她聽到了言外之意，油燈取代了匕首。丈夫說：「要不是為了你，我才不要上班。我討厭上班。我是為了你和孩子們才去工作。」婚姻中突然出現了新的面向。妻子舉起油燈，看清楚真相，也喜歡自己所看到的一切。

男性非常仰賴女性在家庭中散發光芒，因為他不太能夠發現自己存在的意義。人生對男性來說常常是枯燥荒蕪，除非有人幫他指出生命的意義。只要女性的幾句話，就會讓男人心中充滿感謝，覺得一整天的辛苦都值得了。男人知道自己想要什麼，朝著這個目標邁進，製造一些能夠讓女性照亮自己的情況。丈夫下班回家還滿口工作，其實是希望妻子能夠讓這些雜事產生意義。這就是女性散發光芒的能力。

光芒或意識的觸動，是相當強烈的經驗，通常會螫到讓男性醒悟。這就是為什麼他會如此害怕女性元素的部分原因。男性展現出像公雞一樣的行為，大部分只是為了隱藏自己對女性元素的害怕，但其實徒勞無功。兩性關係中，幾乎都是女性帶

領男性進入新的意識。通常都是女性說：「讓我們坐下來談談現在的狀況。」在大多數關係中，女性是帶領成長的一方。男性對此感到害怕，但他更害怕的是沒有女性能夠促進自己的成長。

賽姬油燈滴出來的燈油，可以從兩個方面理解其作用或意義：可以說是像古代儀式那樣潑油以平息海浪，或是在滾燙的熱油中煎熬。男性對於女性元素總是抱以曖昧的態度，因此兩種意義很難劃分清楚。

有位暴躁的猶太老父親曾經問過我，家裡總是死氣沉沉，該怎麼辦。小孩都長大了，他退休了，家中氣氛陰鬱灰暗。我感覺到哪裡不對勁，於是問起是否還有遵循傳統風俗儀式。「喔，老早就沒了，一點意義也沒有。」我要對方請妻子在接下來的週五晚上點亮安息日的蠟燭[1]。「無聊！」他大喊。但我堅持要他這麼做，也很期待再見到他時，他會告訴我隔週發生什麼改變。「我不知道發生了什麼事，不過，我開口請老婆點亮安息日蠟燭的時候，她哭了出來，照著我的話做了。從那之後，家裡的氣氛煥然一新！」兩件事發生了：家中重新開始遵循傳統儀式，女性得回古老的權利，散發油燈柔和的光，讓家中充滿溫暖、活力，並帶來意義。

很少女性能夠了解，男性有多麼渴望貼近女性元素。這對女性來說不該是負擔，也不需要終其一生孤獨地背負這個責

任。男性發現了自己內在的女性力量後，就不用老是仰賴外在現實的女性幫他活出這一部分。但如果女性希望送給男性最珍貴的禮物，如果她想要真正滿足對方最強烈深沉的男性渴望（男性不常表現出這份渴望，但其實一直存在），她就會在男性無聲地要求這份珍貴禮物時，呈現最溫婉的女性姿態。尤其是在男性渴慕伴侶身上真正的女性元素，想要找回自己的方向與能力，重新成為真正的男人時。

1　原註：正統的猶太家庭，安息日是從週五日落時分的傍晚開始起算。傳統上女性負責在安息日開始時點亮安息日蠟燭。

他與她─────────────────────｜第十四章｜
從榮格觀點探索男性與女性的內在旅程
HE:　　　　　　SHE:
Understanding　　*Understanding*
Masculine Psychology,　*Feminine Psychology,*
revised edition　　*revised edition*

愛或戀愛

阿芙洛黛蒂透過最巧妙的方式，完成了意識的演化任務！看起來像是一連串的紕漏與錯誤，卻構成了關於發展與成長的美妙故事！願上天保佑阿芙洛黛蒂邪惡的靈魂，她竟因為滿滿的嫉妒，把賽姬送上山頂的死亡婚禮，讓恐怖的怪獸吞噬。她命令兒子愛神促成這段婚姻，但艾洛斯不小心讓愛之箭刺傷手指，反而愛上了賽姬。然後在揭露真相的可怕時刻，賽姬的手指也被愛之箭刺傷，愛上了愛神！

　　「戀愛」的特質是什麼？感覺起來好像擁有可以抵擋命運主宰的力量，產生偉大的奇蹟？在我們開始解析這個謎團之前，必須先區分「愛」與「戀愛」兩個詞彙的不同。

　　「愛」是一種人類的經驗，用人類的方式讓人與人之間產生連結。我們會看到那個人真正的模樣，欣賞對方的平凡、過錯，以及人性中的光輝。如果能夠拋開日常生活慣有的投射心態，看穿這道迷霧，真正面對另一個人，即使平凡也能讓我們覺得偉大。問題是我們會受到自己的投射所蒙蔽，很難清楚地全面了解對方的深度與高貴之處。這樣的愛十分持久，也經得起日常生活的平凡考驗（「平凡」〔ordinariness〕一詞是由「規矩」〔orderedness〕演變而來）。有個朋友將之暱稱為「攪拌燕麥片的愛」。這種愛在日常的瑣碎小事中找到圓滿，不需要任何超越人類的面向 [1]。在人類生命的長流中，每一天的小日子裡，我們付出、接納、犯錯、保護，並生活。

　　　　　　　　　　他與她：從榮格觀點探索男性與女性的內在旅程

「戀愛」，則觸及了超越人類層次的經驗，在陷入戀愛的同時，馬上進入了神一般的領域，人類的價值全部被取代。就好像是被從天上來的旋風捲走，丟到一個平凡人類價值完全無用的地方。如果說愛是家用的 110 伏特電流，那麼戀愛就是十萬伏特的超人能量，無法存在於任何一般家庭環境。戀愛只存在於神祇之間，超越了時空。

據說賽姬是第一個見到真正的神威，還能活著講述這段故事的凡人。這就是我們這個故事的核心：凡人與神戀愛，還能真實保留自己的人性，並忠實於自己的愛。故事偉大的結局，就是賽姬誠實面對自己與自己的愛直接產生的結果[2]。

我們來做個實驗：想像地球上所有的人都消失了，只剩下你和另一個人。用一整天來好好觀察這個人，看看對方現在對你來說有多珍貴。只要這麼一點點時間，對方就會轉化成真正的奇蹟。戀愛的經驗就是這樣，整個天堂濃縮集中在一個點上。對任何人來說這都是真正的奇蹟，但只有很短暫的時間能偶然在某個人身上看到。這和能夠長久並維持一個穩定家庭的「攪拌燕麥片的愛」非常不同。（如果二十年前有人說，我會把愛和持久拿來相提並論，我大概會又驚又怒。不過邁入中年總是會帶來一點點智慧。）

艾洛斯和賽姬都被魔法愛之箭刺傷手指，傳送到戀愛的領域中。接下來，奇蹟發生了，當然，無可避免的還有許多苦

難。賽姬避免了死亡婚禮的悲劇；艾洛斯揭開真面目，顯現出神威；賽姬被趕出天堂樂園；艾洛斯痛苦地飛回母親身邊。戀愛經驗撕碎了人類的平靜，但卻產生出偉大的演化能量。

　　古早年代，接觸到神祇的經驗通常都是在宗教場域，如今我們早已遠離這種獲得深刻經驗的場合。現在一般人唯一能夠與神接觸的狀況，大概就是戀愛故事了。戀愛這種經驗，是透過對方，看到站在他們背後的神祇。難怪我們只要一談戀愛就馬上變得盲目。我們和現實生活中的對象走在一起，專注的是比任何平凡人類都要偉大的事物。從心理層面來說，在比我們的神話還要更早的年代，如果人類接觸到了原型，就會完全消失。神話告訴我們，之後在某些情況下，平凡人類接觸原型經驗時，有機會活下來，但會受到這個經驗的影響而劇烈改變。我認為這就是故事中的試金石。凡人接觸到超凡層次的事物，活下來把經驗傳遞下去。在這個情境下，便能理解被愛神的箭刺傷而戀愛所代表的意義。我們知道這種深刻的經驗，其實牽涉到層次的轉換。戀愛就是這麼具有衝擊性的神奇經驗。

　　亞洲人沒有所謂戀愛的傳統。他們的男女關係發展得非常平靜，一點都不戲劇化，也沒有愛神的箭從中作用。相親、結婚。傳統上，新郎一直要到婚禮結束，掀開紅蓋頭之後，才會見到新娘的容貌。進入新房之後，還有一連串繁複的傳統儀式等著這對新婚夫婦。男性把戀愛時發散出的能量奉獻給廟宇，

　　　　他與她：從榮格觀點探索男性與女性的內在旅程

由神祇來幫他守護這股偉大的力量。

　　我們討論的故事，講述的是女性接觸到比凡人經驗更偉大的事物時，會發生的狀況。接下來就來看看她怎麼在神威震懾之下存活。

1　原註：進一步的討論可參見羅伯特‧強森的《戀愛中的人：榮格觀點的愛情心理學》（*We: Understanding the Psychology of Romantic Love*）（由心靈工坊出版）。

2　原註：參見羅伯特‧強森的《狂喜》（*Ecstasy*, 1987），討論瑟梅蕾（Semele）這位凡人女性，與宙斯戀愛並提出錯誤要求後，被雷火燒死的故事。

他與她————————————————｜第十五章｜
從榮格觀點探索男性與女性的內在旅程
HE:　　　　　　SHE:
Understanding　　*Understanding*
Masculine Psychology,　*Feminine Psychology,*
revised edition　　*revised edition*

艾洛斯的退場

艾洛斯揭開了真面目，顯露神的身分讓他遭受極大的痛苦。樂園不再，因為他的真實身分已經公開，不是死亡婚禮的神，也不是天堂樂園的造物主，而是愛的真實體現。如果說發現他其實是假冒，或者不是真的神，恐怕還不會那麼痛苦、難以接受。最好的結果反而最為痛苦，這真是太奇怪了！雖然超乎預期，但是生活中很多時候都是如此。我的一位老師曾告訴過我類似的故事：有個很容易激動的年輕人進行了六個月的個人分析後來找他。「湯尼，這真是太可怕了！」「怎麼了？是有什麼狀況嗎？」湯尼激動地回應。「湯尼，不要管我，真的太可怕了。」「怎麼了？告訴我，快告訴我！」「湯尼，我的精神官能症好了，我該怎麼活下去？」這個故事的教訓很清楚。改變舊習慣是很糟糕的消息，就算是用更好的狀況取代。艾洛斯與賽姬在演化的下一階段出現時，都受了深層的傷，即使這對兩人來說是一大進展。

　　諷刺的是，在陷入戀愛狀態時，你一定會覺察到對方明顯的獨特性，也因此感受到兩人是獨立的個體。然後我們馬上會認知到距離感、疏離感，以及關係發展的困難。不管男性或女性，發現伴侶是神祇的時候，通常都會產生一種可怕的自卑感。孤獨感與隔絕感便油然而生。

　　艾洛斯的威脅說到做到，賽姬生下的是凡人女孩，而不是具有神力的男孩；艾洛斯會離開賽姬。這代表人性與平凡會取

代天堂樂園。

如果這個故事是在外在現實世界發生，通常是婚姻早期的悲劇。女方發現男方並非自己期待的天堂樂園造物主，還運用詭計隱藏自己的身分，雙方都會受到嚴重的衝擊。婚姻明明是一個能夠讓意識巨幅提升的好機會，卻以極端痛苦的形式呈現。雙方都被趕出天堂樂園，牢牢地固定在人類的位置。其實這樣也很不錯，因為人類遠比神祇更懂得怎麼做人。不過情緒上的確會煩亂糾結。

艾洛斯飛回母親阿芙洛黛蒂的身邊，後面的故事就沒怎麼出場了。可憐的賽姬獨自一個人走完旅程，不過她獲得的幫助比自己想像得要多。即使是惡婆婆阿芙洛黛蒂，也用一種尖酸的方式在保護她。遇到這樣的經驗，男性會脫離自己的婚姻，回到原生家庭。即使不是在現實中離開，也會莫名地長時間保持沉默，敷衍不負責任，情感上毫無回應。他回到老家，回到母親身邊，就算不是現實中真正的母親，至少是退縮回到內在的戀母情結。接著阿芙洛黛蒂便成為女性意識的終極主宰。

如果將艾洛斯視為女性的阿尼姆斯，也就是內在的陽性特質，便可以將這個故事解釋為艾洛斯讓賽姬停留在無意識阿尼姆斯的天堂樂園狀態，直到她舉起意識的油燈。然後，艾洛斯的真實身分暴露後，飛回了自己所屬的內在世界。

阿尼姆斯

　　榮格認為，對我們來說，阿尼瑪和阿尼姆斯的最大作用，是做為人格意識與無意識之間的媒介。艾洛斯回到阿芙洛黛蒂的內在世界後，便能透過冥想，讓賽姬與阿芙洛黛蒂、宙斯，以及原型內在世界的其他神祇連結起來。我們可以看到，他會在賽姬發展的關鍵時刻提供協助，藉由大地自然的元素，像是螞蟻、老鷹以及蘆葦。

　　如果女性想要從過去的少女時期演化，就必須打破無意識領域中，通常主宰了自己與外在世界關係的無意識附屬陽性元素。想要演化，在意識層面認知為上述陽性元素的阿尼姆斯，就必須扮演意識自我與無意識內在世界之間的中介角色，提供女性必要的協助，然後阿尼姆斯才能為她開展真正的靈性生命。受到阿尼姆斯主宰的女性，也就是她與外在世界是透過阿尼姆斯進行連結的狀態，是根本完全沒有意識到自己的阿尼姆斯的。她相信自己的行為是從阿尼姆斯而來，完全是自我意志的決定與選擇。事實上，在這些狀況下，她的自我已經被阿尼姆斯取代。只有在女性舉起意識的油燈，用正確的方式看到阿尼姆斯，才能夠讓阿尼姆斯與她的自我區分開來。就和賽姬一樣，女性通常是被阿尼斯瑪斯所壓制。阿尼姆斯看起來像是全能的神祇，相對於女性的意識自我是如此渺小無助。對女性來

說，這是非常危急艱險的時刻。如同第一次認知到阿尼姆斯的震驚，並為自己所犯的錯誤而不知所措，她同樣震驚於阿尼姆斯的偉大力量，陷入相同的危險狀態。如果她能發現自己的內在擁有神聖元素，結果會是歡天喜地，就像來到了人生高峰。但現在她陷入了「與愛神本人談戀愛」的極大危險。

如果能夠設法越過這個發展階段，優游於死神與天神、樂園與放逐、狂喜與絕望之間，就能真正踏上人類意識發展的旅程。這個承諾真實而堅定：如果能夠承受伴侶真正的模樣，那麼就舉起只有你能夠提供的油燈吧。你會發現對方的確是神，也許不是自己希望的樂園造物主，但卻是規格更高的奧林匹斯神祇。我認為這是人生中最偉大的承諾。

這個事件在賽姬的生命中，可以類比成帕西法爾第一次看見聖杯城堡 [1]。帕西法爾看到了難以置信的宏偉世界，但他無法留下。同樣地，賽姬也是在發現艾洛斯真正的偉大本質後，立刻失去了他。

1　原註：相對應的男性經驗討論可參考本書第一部〈他〉。

他與她—————————————│第十六章│
從榮格觀點探索男性與女性的內在旅程
HE: SHE:
Understanding   *Understanding*
Masculine Psychology, *Feminine Psychology,*
revised edition   *revised edition*

賽姬的苦難

賽姬當下想跳河自殺。每次遇到一連串的困難，她就想要自殺。難道這不能算是一種自我犧牲，為了另一層次的意識放棄目前這個層次的意識？在人類的經驗中，自殺的想法幾乎總是代表來到新層次意識的邊界。如果能夠正確地抹殺舊有的適應方式而不傷害到自己，充滿能量的新時代便會展開。女性在接觸到原型經驗時，通常會因此崩潰。透過崩潰，她迅速回復了自己與原型的連結，與她的內在存有。這個行為聚集了深層自性中各種有助益的元素。在這方面，女性的方式不同於男性。男性可能需要出去冒險，殺掉許多惡龍，拯救美麗的少女；女性通常會退縮到一個非常安靜的地方，靜止不動。矛盾不斷堆積，她可能會發現自己的確在婚姻中擁抱了死神。沒錯，舊有的生活方式死去了。

　　男性很難了解女性究竟能夠掌控自己的感覺與內在世界到怎樣的程度。對大多數男性來說這是一種未知的能力。女性能夠按照自己的意志進入內在深處，抵達能夠回復療癒與平衡力量的地方。大部分男性並未擁有這種掌控感覺或內在生命的力量。許多女性以為男性應該也有同樣的能力，因此在發現他們無法和自己一樣敏銳而感性時，便會覺得受傷。

　　談戀愛就像是把你撕成碎片一樣，但這同樣有著創造的可能性。如果能夠維持力量與勇氣，在這樣的支離破碎中，也可能出現一種獨特而有價值的新意識。這是一條非常艱難的路，

但也許對某些人的性情來說，沒有其他方法。這似乎就是我們西方人與所謂的神祇，也就是原型能量，重新連結的主要方式。

這種矛盾狀況的最佳解法，是保持完全靜止不動，也就是賽姬最後採取的方式。一旦自殺的衝動過去了，她可以安靜地坐下來。如果大腦完全無法運轉，如果整個人完全脫離常軌，最好的方法就是保持靜止不動。就像基督教領聖餐禮的時候那樣，要「我們也把自己……獻與主，為……活祭。」

女性擁有保持靜止不動的能耐，這也許是人類最強而有力的行為。只要每次遇到嚴重深刻的事件，她就必須回到靜止不動的內在中心。這個舉動具有極高的創造能量，但必須正確執行。她必須能夠接納，但不是被動。

「戀愛」也有可能轉化為「愛人」。這是邁向成功婚姻的過程。西方婚姻是從「戀愛」開始，順利的話希望能轉化為「愛人」。這就是本故事的基調與主題，從凡人與神祇、人性與超越人的特質，這兩種不同層次的碰撞開始。雙方都會痛苦地學到，超越人類的特質是無法在人類的層次上活出來。

我記得詹姆斯・瑟柏（James Thurber）的一篇漫畫，一對中年夫妻在吵架，丈夫氣憤地對妻子說：「你說，是誰讓我們婚姻中的魔法消失了？」

接觸到神祇的時候，我們該怎麼做？在我們的文化中，這

個問題通常找不到答案。大部分人會感覺痛苦，只能看著愛人神聖的光環漸漸淡去，打回平凡中年的原形，認為以前自己感覺到的神聖特質，其實有點愚蠢。女性會怎麼處理這種戀愛結束的自我挫敗與沮喪，會是本故事後半的重點。

孤獨的賽姬

接觸到神性經驗，就是敞開自我，體驗神聖的意識。這裡的神聖，是從希臘奧林匹斯山眾神的角度來定義。只要接觸過這樣的意識，就無法回到天真無邪的無意識中。現在只有少數幾種方式能夠讓我們體驗神性，其中之一就是戀愛。西方人在嘗過戀愛滋味後，演化之路就在面前開展，路的盡頭則是意識。

女性的任務，是要將悲劇性戀愛中的痛苦與災難，轉化成個人發展的世俗步驟。

賽姬想要跳河了斷自己，也許表面動機錯誤，但直覺卻是正確。

牧神潘恩抱著回聲女神坐在河邊。他看到賽姬想要跳河，勸退了她。

為什麼是潘恩？他是伴隨在人的自性身邊的神，充滿野性、不受控制、瀕臨瘋狂，古代人評價極高，但現代人陷入這

　　　　　他與她：從榮格觀點探索男性與女性的內在旅程

種狀態時，只感到苦澀悔恨。「驚慌」（panic）一詞就來自潘恩的名字。正是這個特質救了賽姬。如果我們能夠用正確的方式看待牧神潘恩，也就是說，如果我們能提升自我進入更高層次，這股能量便能為我們帶來益處。若是降低自己的層次，像是選擇自殺，就是錯誤的方式。

想要啜泣的衝動就是潘恩特質的展現。雖然感覺丟臉（英文的「丟臉」〔humiliating〕意思是接近人性〔humus〕或土地），情不自禁大哭會讓你很快進入比自己更高的層次。這就是阿芙洛黛蒂的演化力量，帶你來到這個階段，並引領你成功邁出下一步。

潘恩告訴賽姬，她必須向愛神祈禱，他會知道誰正為愛神之箭所苦。這其實很好的諷刺，你必須跟傷了你的神祈求，才能獲得緩解。

艾洛斯身為愛神，掌管著關係。因此，不管是對男性或女性來說，陰性元素運作的重點，就是要忠於艾洛斯、忠於關係。永遠走在能夠與阿尼瑪或阿尼姆斯保持連結的道路上，因為這是你人生最親密的伴侶。

然而，想要見到艾洛斯，賽姬必須面對阿芙洛黛蒂。艾洛斯目前正在阿芙洛黛蒂的管轄之下。賽姬不願這麼做，反而跑去祈求其他神祇，就是不去面對阿芙洛黛蒂。她被拒絕了一次又一次，因為沒有任何神祇願意擔負冒犯阿芙洛黛蒂的風險。

她生起氣來可是不得了！

　　這裡，賽姬和帕西法爾形成了具有啟發性的對比。賽姬造訪了一座又一座神廟，最後才正確來到阿芙洛黛蒂的祭壇。帕西法爾打敗了紅騎士，完成一次又一次的英雄戰役與屠龍冒險。不管是男是女，這些陽性與陰性元素的動力運作，都是需要牢記的重點。不分性別，所有人都同時擁有陰柔或陽剛的特質，必須選擇正確的工具，完成自己面對的獨特考驗。

　　賽姬最後來到阿芙洛黛蒂的神廟，因為傷了你的事物幾乎也就是治療你的處方。

　　阿芙洛黛蒂忍不住破口謾罵，讓賽姬退縮成低下的洗衣女，落入非常卑微的地位。幾乎所有的女性都會在某段時間受到阿芙洛黛蒂的壓迫，感覺自己比最卑微的螻蟻還要不如。然後，阿芙洛黛蒂指派了四項任務給賽姬，做為贖罪之用。

他與她─────────────────────│ 第十七章 │
從榮格觀點探索男性與女性的內在旅程
HE: SHE:
Understanding   *Understanding*
Masculine Psychology, *Feminine Psychology,*
revised edition   *revised edition*

任務

阿芙洛黛蒂指派給可憐賽姬的任務，成為文學領域中最為深奧的心理陳述之一。現代的心智會大喊：「沒錯，謝謝你告訴我這些理論，但我該怎麼做！」神話故事在這個部分提供了更有條理清晰的陰性元素發展模式，是其他地方無法企及的。即使故事發生的年代遠早於心理歷史的發展，也無損模式的應用價值，反而彰顯這個模式不受人事時地物的影響，值得信賴。要解決問題，會有數不盡的男性手段可以使用，但在傳統上能夠採行的女性方法卻極為稀少，我們的故事剛好是其中之一。

賽姬忍受了阿芙洛黛蒂刻薄的責罵之後，收到了嚴謹到令人害怕的指示。但為什麼一定要去面對阿芙洛黛蒂？因為沒有別的辦法！心理運作是從頭到尾一整套的過程。天真、問題、等待與解決，細緻地在一個條理清晰的架構中各自發揮作用。

第一項任務

阿芙洛黛蒂給了賽姬一大堆混雜在一起的各式種子，告訴她必須在傍晚前把這些種子分類好，不然就會被處死。然後阿芙洛黛蒂有如一陣風般離去，前往參加一場婚禮，留下必須完成不可能任務的賽姬。她哭著想要再度自殺。

一群螞蟻跑來幫助她。牠們團結合作，在傍晚時候完成了

分類。阿芙洛黛蒂回來，心不甘情不願地承認，一無是處的賽姬其實做得還不錯。

多麼美妙的象徵！一堆等著分類的種子！在實際生活的許多層面，譬如操持家務，或是工作上類似的職務，面對的挑戰就是要讓每個地方都乾乾淨淨、整整齊齊。不管是走廊盡頭傳來一聲大喊：「媽，我的另一隻襪子在哪？」或是羅列購物清單，或是幫論文重新擬定大綱，通通都和分類、排序與形式相關。缺乏建立形式的基本功，只會造成一團混亂。

男女發生性行為時，男性會給予女性大量的種子。女性必須從中挑選一顆種子，展開孕育生命的奇蹟。女性天生的阿芙洛黛蒂特質就是具有豐饒的生產力！女性會運用分類挑選的能力，選擇一顆種子，開花結果。

大部分文化會透過習俗與法律常識消滅這種分類與排序的能力。他們會規定女性應該怎麼做，不讓她有機會去分類選擇，像是週一洗衣、週二燙衣等等。我們是自由人，不需要這種預先安排。女性必須知道如何區分，如何運用創意去分類選擇。這麼做，她需要發揮螞蟻的天性，讓這種屬於泥土與地底的原始力量來幫助她。螞蟻的天性與理性頭腦無關，不會給我們遵循的規則，而是原始、直覺的安靜，是女性與生俱來的特質。

每一位女性對於分類選擇各有自己熟練的方式。完成任務

可以按照距離遠近來進行，最接近自己的先做，或是最接近某種感覺價值的優先。透過這種簡單、腳踏實地的方式，可以打破數量太多的僵局。

我們很容易就忽略分類過程的另一個面向，也就是內在的分類。現代的外在世界有太多事物包圍著我們，等待我們去分類選擇，無意識也同樣有許多事物等待我們這麼做。將內在面向分門別類是女性特有的能力，能保護她們自己和家人免於內在世界的大洪水，而這洪水的威力如同我們外在世界中過多的一切。感覺、價值、時機、界線，這些都是極佳的分類依據，能夠創造極高的價值。對於女性與陰柔特質來說，是非常特別的寶物。

可能有人覺得，婚姻是兩個人背對著背，用自己的方式保護另一個人。女性的任務不只是保護自己，也要保護她的伴侶及家庭，不受內在世界的侵擾，如情緒起伏、自我膨脹、過度耽溺、脆弱無助，還有過去稱為佔有欲的狀態。相較男性天賦，這些是女性天賦處理得更好的領域。通常男性的任務是面對外在世界，保護家庭的安全。現代社會中特別危險的是，兩性都在面對外在世界，都把時間花在外在的事物上。這會讓內在世界毫無保護，因此許多危險便透過這個毫無保護的角落潛入家庭之中。在這種毫無保護的狀態下，孩子會變得特別脆弱無助。

婚姻剛開始，伴侶就像兩個獨立的圓，少部分重疊。兩人之間的差別很大，各有各的任務。等到雙方年紀漸長，慢慢了解對方的天賦才能，最後兩個圓重疊的部分愈來愈多。

　　榮格曾討論過一個案例。一名男性想要治療自己的疾病。請他分享自己的夢境時，他回答自己從來不做夢，不過六歲兒子的夢境倒是一直非常鮮明。榮格請他記錄兒子的夢。他記錄了兒子夢境幾週後，突然自己開始做夢了，同時兒子那些誇張的夢境也立刻消失！榮格解釋道，這名男性採用了現代社會的集體態度處理內在事物，因此不知不覺地疏於照顧自己生活中重要的層面，於是兒子被迫承擔了他的責任。如果你希望留給孩子最好的事物，那就讓他們擁有乾淨的無意識，而不是你自己未活出的生命，那未活出的生命會藏在你的無意識中，直到你準備好直接面對。

　　一般來說，是女性負責處理這些內在之火，但在上述案例中，卻是父親的責任落到孩子身上。在討論陽剛與陰柔特質時，要注意的是，我們不是完全在討論男性與女性。我們通常認為屬於女性的任務，也有可能是讓男性的陰柔面向來承擔，反之亦然。

第二項任務

阿芙洛黛蒂傲慢又輕蔑地指派給賽姬第二項任務,要她渡過一條河,到對岸放養金公羊的地方,取一些金羊毛,而且必須在日落前回來,不然就會痛苦致死。

賽姬必須非常勇敢,甚至莽撞,因為這次要完成的危險任務,是面對凶猛的公羊。她又一次崩潰,想要自殺,她來到橫跨在自己與金公羊領地的河邊,打算跳下去。就在這關鍵的時刻,河堤上的蘆葦對她說話,給她建議。

生長在水陸交界處的渺小蘆葦告訴賽姬,不要在大白天接近公羊群拔取羊毛,如果這麼做會立刻遭公羊攻擊致死。應該在傍晚的時候,從多刺灌木叢或是樹林低矮的枝椏上,蒐集纏在上面的羊毛。如此一來,她不但可以獲得足以讓阿芙洛黛蒂滿意的金羊毛,也不會引來公羊群的注意。賽姬得到的訊息是,不要直接面對公羊群,或是用強奪方式得到金羊毛。這樣接近公羊群,只會招惹極大的危險。她只能用間接方式接近這些固執好鬥的危險野獸。

對女性來說,在她想要汲取一些陽剛特質融入自己的內在生活時,這些特質常常看起來就像公羊群一樣。想像一名非常陰柔的女性,在人生剛剛展開時,面對這個現代世界,知道自己必須想辦法生存下去;她害怕自己會被殺、遭到攻擊致死,

或是因為我們生活的這個冷漠、充滿競爭的父權社會所具有的公羊特質，人格因而支解崩離。

公羊代表一種宏偉、直覺又陽剛的基本特質，在人格中顯得複雜又具有侵略性，會不預期地爆發。這種力量如同遇見了聖經中燃燒的荊棘一般，是如此強大而令人敬畏。如果沒有正確處理與使用無意識深處的力量和影響力，就會淹沒意識自我。

神話故事精確地告訴我們，賽姬要怎麼聰明地接近公羊的力量：她必須利用傍晚時分，而不是在大白天日頭正熱的時候；她必須從枝椏上蒐集，而不是直接從公羊身上拔取。太多現代人以為，只有從公羊背後剪一把羊毛，大搖大擺地在正午太陽下離開，才能夠得到這樣的力量。力量是一把兩面刃，最恰當的做法是只取用自己所需的份量，而且盡可能不要聲張。力量不夠會無法對抗內在父母聲音的掌控；力量過大則很容易變得霸道易怒，留下滿目瘡痍。

治療師兼作家約翰‧桑福德（John Sanford）發現，如果年輕人使用毒品，會侵蝕他的自我，導致無法承受他經驗到的大量內在經驗，他的自我可能因此灰飛煙滅。這就是直接或過度汲取公羊的力量所造成。現代人，不管是男性或女性，都汲取了過量的公羊力量，可能反而遭到攻擊或吞噬。神話故事警告我們，取用需要的力量，犧牲不需要的部分，保持力量與接

納之間的平衡。

　　對現代女性來說，只能從枝椏上取下剩餘之物，也就是屬於陽剛、理性、科學的訊息碎片，其實感覺仍是無法忍受。為什麼女性只配得到這麼一點點？為什麼不能抓住一頭公羊，剪下羊毛，像男性一樣昂首闊步地離開？

　　參孫的妻子大利拉這麼做了，展現了自己的權力。她的覺醒留下許多毀滅破壞。賽姬的神話告訴我們，女性不需要玩權力遊戲，就能獲得剛好符合自己需求的陽剛能量。她不需要變成大利拉，殺掉參孫才能獲得力量。

　　這段故事向現代人提出了一個非常大的問題：怎樣的陽剛能量算是足夠？我認為其實沒有限制，只要女性能夠以自己的女性身分認同為中心，有意識地使用她的陽剛能量，視其為輔助工具，就沒問題。男性也是一樣：他想使用多少陰柔能量都可以，只要有意識地運用，處於自己男性的身分認同中心。兩造能量一旦過多，都會造成很大的麻煩。

第三項任務

　　阿芙洛黛蒂難以置信，賽姬竟然蒐集到足夠的金羊毛。憤怒之餘，她決定要好好挫挫賽姬的銳氣。她給了賽姬一個水晶杯，命令她去取冥河的水。冥河是一條從高山上落下來的河，

消失在地底，再回到高山上。這是一條循環不已的河流，不斷回到源頭，落入地獄深處，又重回最高的山崖。這條河有著危險的猛獸看守，更遑論讓人在河邊落腳，取一杯河水。

賽姬全身癱軟，這次她深受打擊，麻痺到甚至哭不出來。

不久，宙斯的老鷹有如魔法般出現。這隻老鷹之前曾與宙斯並肩作戰，是互相扶持的夥伴。宙斯現在願意公開表態保護他的兒子艾洛斯，要求老鷹來幫忙賽姬。老鷹飛到沮喪的賽姬身邊，取走了水晶杯，飛到冥河中央，在危險的急流中舀了滿滿一杯河水，安全地帶著水晶杯回來。賽姬的任務完成了。

冥河是生與死的河流，從高處流向低處，從高山上落入地獄深處。河水湍急危險，河岸陡峭滑溜。如果太靠近，很容易就跌進河中淹死，或是落入底下的亂石堆。

這項任務告訴我們，女性應該如何與人生的浩瀚連結，也就是只取一杯水。陰柔特質的運作，是一次處理一件事，達到完美平衡的境界。當然並不是不能處理第二件、第三件或第十件事情，但必須每次一杯，按部就班。

人類心靈的陰柔面向，多半以沒有聚焦的意識來陳述。陰柔的本質充滿了生命中龐大豐富的可能性，並深受可能性吸引，而且通常是同時發生。但事實上不能這麼處理，我們無法一次做這麼多事情。許多羅列在我們面前的可能，其實互相牴觸，所以只能選擇其一。就像老鷹一樣，雖然有著全景的視

角，但在面對遼闊的河流時，還是必須集中在單一點上，舀出一杯水。

今日流行著一種異端邪說，認為如果少量就很好，那麼多一點會更好。這種銘言造成了永遠無法滿足的生活。即使已經過著豐富的人生，還是想要擁有更多。無法滿足的心態，是因為未來的計劃總是不斷介入現實的當下。

神話故事告訴我們，只要抱持著高度覺知，體驗少量特質，就很足夠。詩人也說過，一沙一世界。我們可以專注在生活的某一方面或某項經驗，集中吸收，心滿意足，然後按照安排好的事物，前進。

水晶杯是承載生命之水的容器。水晶非常脆弱珍貴。人類的自我可以比擬成水晶杯，承載著龐大生命之河的一小部分。如果沒有小心使用像水晶杯一樣的自我，美麗而湍急的河水可能會讓自我碎裂。像老鷹一般的視野，看得清晰，精準地潛入河流正確的位置，非常重要。自我若是想要提升某些浩瀚的無意識進入人類意識生活，必須學會一次只舀一杯水，不然壓力太大，容器就碎裂了。這也是在提醒我們，不要隨便跳進無意識的深處，一次處理生命的整體；最好是一次一杯水，免得被急流淹沒。

缺乏想像力的人可能看著這一團混亂，覺得沒辦法理出頭緒。這麼狹窄的觀點讓她無法從實際的角度看清楚。這個時候

就需要老鷹的視角，寬廣的視野，能夠看到生命的大方向。險峻的河岸看起來無處可落腳，但老鷹的視野開啟了下一步。相對於一般的雄心壯志來說，可能是一小步，但卻是個人成長過程中必要的一步。

幾乎所有人每天都被滿溢出來的現代生活淹沒，即使是在日常生活的基礎上。是時候在心智層面運用老鷹的視角，並且一次處理一杯水了。

第四項任務

賽姬的第四項任務最重要最困難。只有寥寥無幾的女性會來到這個發展階段，以下的敘述可能會令人感覺古怪而陌生。如果這不是屬於你的任務，就不用進行，專注於正確的任務即可。對於極少數必須展開第四項任務的女性來說，神話故事中提供的訊息可說是彌足珍貴。

阿芙洛黛蒂一如既往地指派了不可能的任務給凡人賽姬。如果我們完全仰賴自己個人的力量，絕對無法完成任何任務，至少這一項不可能。但幫手出現了，這是來自眾神的禮物，讓這些任務得以完成。

第四個任務是阿芙洛黛蒂給賽姬的最後考驗：賽姬要進入冥府，請冥后波瑟芬妮，行蹤隱密的永恆少女、神祕女神，賜

給她一盒美容油膏，然後轉交給阿芙洛黛蒂。

賽姬知道這件任務不可能完成，於是爬上高塔，打算跳下，逃離可怕的命運。

就在這座原本打算逃避的高塔上，賽姬獲得了相當怪異，但卻又是自己需要的建議！她來到一個隱蔽的地方，發現了冥府的通風口，那裡有一條無徑之路直接通往冥王的宮殿。賽姬不能空手過去，她必須自己打通關，所以手上拿著兩塊全麥蛋糕，嘴裡咬著兩枚半便士的銅板，抱持著足以通過好幾個難關的堅毅。通往冥府的路必須付出代價，所以要有充分的準備。

賽姬找到了無徑之路，下到冥河，發現有個瘸腿的人帶著一頭瘸腿但載著木柴的驢。幾根木柴掉到地上，好心的賽姬反射性地撿起柴薪還給瘸腿的人。她不應該這麼做，因為會消耗掉原本要保留來對付難關的體力。接著賽姬來到擺渡人卡隆的渡口，搭乘破爛小船過河進入冥府要花掉一枚銅板。在過河的時候，有個快淹死的人求賽姬救他，但是賽姬必須拒絕。女性在求見冥后的過程中，必須保留所有的資源，不能消耗在其他較不重要的任務上。

來到冥府之後，賽姬步行前往目的地，遇到了三名轉動紡車編織命運的老嫗。她們邀請賽姬幫忙，但賽姬必須忍住不理會，繼續往前。什麼樣的女性會在遇到命運三女神時，不停下腳步參與命運的編織呢？但是賽姬事前得到警告，如果停下

腳步就會失去一塊全麥蛋糕，接下來便無法應付另一個黑暗關卡。少了這份過路費，賽姬永遠無法再回到光明的人類世界。

接下來，賽姬遇見三顆頭的地獄看門犬可爾貝洛斯。她扔了一塊全麥蛋糕給這隻可怕的狗，趁著三顆頭在搶食蛋糕時趕快過去。

最後賽姬來到了波瑟芬妮的宮殿，見到了這位永恆少女、神祕女神。高塔警告過賽姬，不可以享用波瑟芬妮招待的豪華餐點，只能接受最簡單食物，並且坐在地上進食。古老的律法規定，只要接受了招待，便和主人之間有了連結。因此，如果賽姬享用了波西芬妮的豪華餐點，就會永遠受到冥后的控制。

賽姬帶著日漸壯大的智慧與力量（之前所有的任務都讓她變得更為強韌），通過了每一項考驗，她請求波瑟芬妮賜予一盒美容油膏。波瑟芬妮二話不說便給出珍貴的油膏，於是賽姬踏上歸途。故事中說的是波西芬妮給了賽姬「一個裝著神奇祕密的盒子」。這讓接下來出現的疑惑有了提示與線索。賽姬保留的第二塊全麥麵包，讓她在回程時可以對付可怕的看門犬，第二枚銅板則讓她順利付了擺渡過河的費用。

高塔給予的最後一項指示超出了賽姬的能力，因此她沒能遵守高塔明智的建議。高塔要她絕對不可以打開盒子，或是探究裡面裝的東西。就在最後一段路程，已經可以看到光明的人類世界時，賽姬心想：「我現在手上有著阿芙洛黛蒂花容月貌

的祕密，如果不看一下盒子裡裝的東西，拿一點來打扮自己，讓親愛的艾洛斯著迷於我的美貌，豈不是太笨了嗎？」於是她打開盒子，發現裡面什麼也沒有！空無一物釋放了有如煉獄般的死亡睡意。賽姬受到衝擊，像屍體一樣失去知覺，倒臥在路上。

傷勢痊癒的艾洛斯聽見摯愛的賽姬絕望的呼喊，衝出母親的牢籠，飛到賽姬身邊，從她臉上抹去死亡的睡意，安全放回盒子裡。他用箭尖刺醒賽姬，告誡她不要屈服於差點讓她死亡的好奇。

艾洛斯要賽姬繼續完成任務，讓她把神祕的盒子送去給阿芙洛黛蒂。

艾洛斯自己則飛去找宙斯，懇求他協助賽姬。宙斯雖然責怪艾洛斯的行徑，最後還是捨不得兒子，所以承諾會幫忙。宙斯召集了眾神，命令信使荷米斯把賽姬帶過來。宙斯公告天界所有人，愛神的惡作劇已經持續太久了，該是時候讓這個愛搗蛋的年輕人定下來，受到婚姻的束縛。既然艾洛斯自己選了一個美若天仙的新娘，那麼就幫他們舉辦婚禮吧。為了克服神與人結合的困難，宙斯主持了儀式，賜予賽姬一壺永恆之水，讓她喝下。這個儀式讓她能夠長生不老，同時保證艾洛斯不會再離開她，將成為她永遠的丈夫。

天界舉辦了前所未有的盛大慶典！由宙斯主持，信使荷米

斯招待，酒童加尼米德倒眾神之酒，太陽神阿波羅彈豎琴，甚至阿芙洛黛蒂也參加了這場盛宴，與兒子和新媳婦一同開心享受。

　　時候到了，賽姬生下一名女兒，取名為歡樂（Pleasure）。

〰

　　賽姬最後的任務象徵著女性個人成長最深刻的步驟。只有極少數的人發展出足夠的能力開始這項任務，如果前面幾項任務都還沒完成，硬是要展開這趟旅程，那就太魯莽了。太早踏上這段旅程，是為自己招致災禍；但如果任務來到面前卻逃避拒絕，也會造成同樣可怕的後果。古時候一般人很少接觸到這一塊，只有靈性世界選擇的人才有機會。現在有愈來愈多的女性受到演化這一步的召喚，不管自己知不知道，內在因此產生力量。重要的是，要在這個過程到來時選擇邁出腳步。只要過程開始，我們便無法忽略，就像不可能不知道自己懷孕一樣。

　　我們能從自己的故事中學到什麼？

　　前三個幫手都是自然界的元素：螞蟻、蘆葦、老鷹；高塔則是人工產物，代表著文明中的文化遺產。知曉之前其他女性如何進行她們的第四項任務，幫助很大。聖女大德蘭是用「內在城堡」來描述。神智學的大師，大部分是女性，都對這項任務有著自己的看法，我們這個時代的女性主義者也有很多話想說，基督教傳說中女聖徒的故事提供了更多題材。榮格心理學

形塑了好幾種女性發展過程。非常重要的是必須分析古老的發展方式，包括東方和西方，並與我們現在的道路區別出來。最後，大部分狀況下，你其實是與自己內在的高塔一起踏上孤獨的旅程。

賽姬必須穿過荒野才能抵達冥府（有多少旅程是從讓人最想不到或是覺得最沒有價值的地方開始），從無徑之路進入內在世界黑暗深處。她不可以中途停下來，也不可以因她天生具有的好心或善意而偏離目標，不然就會因此耗盡心神與力氣。她用一枚硬幣支付了橫渡冥河的費用。如果她在旅程開始的時候沒有儲存足夠的能量，就沒有辦法完成任務。這趟旅程需要孤獨與休息，好累積能量。她必須轉移冥府大門可怕看門犬的注意力。一旦發現了惡意，就不可能忽略，必須用相等的事物去對付，像是蜂蜜全麥蛋糕。

接下來重要的還有，不能留在波瑟芬妮身邊與之同化，因為這樣會削弱旅程的能量，也會讓旅程無法繼續下去。波瑟芬妮是冥府之后，是所有女神中最隱蔽的一位，是永恆少女，也是神祕女神。這是女性必須受到崇敬與尊重的部分，因為我們會在此找到奧祕的真義。但是我們不能與此同化。實際上我們可以看到不少女性因為認同了波瑟芬妮，再無法進一步發展。

賽姬離開冥府踏上歸途，分散了可怕看門犬的注意力，讓自己能夠溜過去，付給擺渡人另一枚銅板，回到光明的人類世

界。

　　賽姬的任務是帶回美容油膏，但在她眼中卻看到盒中空無一物。這種空白其實就是奧祕所在，可能比我們所能說出口的任何特質都要來得珍貴。女性內在最深處的奧祕，其實是無以名狀，也無法貼上任何標籤。這種女性特質最重要的就是必須維持神祕，對男性當然如此，對女性也不遑多讓，重要性不亞於療癒元素本身。

　　賽姬違反了規定（又一次愉悅的墮落，這種從高處落下的狀況對於揭開真相有其必要？），她將神聖的女性元素佔為己用，卻因此失去意識。這是這趟旅程最危險的時刻，許多人都在此失敗。要認同奧祕與之同化，其實就是落入無意識中，無法再繼續成長發展。許多女性一路安全地來到這裡，卻落入波瑟芬妮神祕魅力的陷阱。她們可能無法繼續成長，停留在一種靈性化石的狀態，也失去了人性的面向。

　　賽姬這次任務原本可能失敗，但她犯的錯，或者說她內在男性的那一面激發了艾洛斯，他的陽剛力量開始作用，拯救了她。愛神之箭的尖端刺醒了她，讓她從死亡睡眠中活回來。只有愛能夠讓我們脫離不完全靈性狀態的困難與疏離。

　　艾洛斯展現了神力，賽姬以永生的姿態進入天界。她與艾洛斯之間的關係一度歷經了艱難與危險，但最後還是讓賽姬獲得永恆生命。最後，我們發現自己的原型特質，超越了任何個

人面向。接著你踏入神話一開始承諾的永生境界，雖然歷經了黑暗與困難。這就是賽姬的任務，將最初許諾的天真美麗，轉化成故事結尾時實現了的女神意識。

他與她─────────────────│ 第十八章 │
從榮格觀點探索男性與女性的內在旅程
HE: SHE:
Understanding   *Understanding*
Masculine Psychology,   *Feminine Psychology,*
revised edition   *revised edition*

現代的賽姬

我們很容易貶低神話，覺得那是很久以前在遙遠地方發生的故事，不會與主流的當下生活有所連結。這種認為神話與童話只屬於兒童的態度其實也是近代才開始的。啟蒙運動之前，神話與故事具有相當的地位與價值，是成人研究與欣賞的主題。現在只有在榮格、弗雷澤（Sir James George Frazer, 1854-1941）、坎伯（Joseph J. Campbell, 1904-1987）等大師和一些其他人的作品中，神話才開始在我們研究內在世界的領域中重拾原有的地位，但是大多數人還是對神話抱持著十九世紀時候的態度。

現代的夢境

接下來要討論的是這個時代神話如何運作。我們發現賽姬依舊面對著演化的課題與任務。

以下是一位現代女性、真正的賽姬所做的夢。她正處於意識演化任務的過程中，背景是我們這個時代，使用的也是美國文化與語言。一位三十多歲的女性，已婚，有孩子，有工作，每天就和現代社會的其他人一樣，全心全力應付環繞在身邊的現代都市事務。賽姬是以古代為人生背景舞台，這位女性則是運用現代世界的一切來進行自身的演化。神話不受時間、地點或語言的限制。

以下是她的夢境：

　　我發現自己在一幢美麗、古老的大宅裡，空蕩蕩的沒什麼人。我在打掃，跟其他幾個人一起修復房子。我負責打掃二樓，所以爬上寬廣的台階，右轉直走來到「我的」房間。但當我穿過房門進去後，突然發現自己來到另一個世界，彷彿是我走進傳送通道器來到另一個時空。我站在巍峨的山崖邊，觸目所及一片雪白。我花了幾分鐘才理解到自己一點也不冷，周圍的白並不是白雪，而是一種奇怪又神祕的發光物質。那裡有一名男性跟我打招呼，他的名字叫做X，有著濃厚的斯拉夫口音。年紀大概跟我差不多，身材也類似，留了一點鬍子。這位男性舉止優雅，充滿魅力。他邀請我跟著他一起探索這個美麗的地方。我非常想跟他去，但又害怕如果走得太遠，就無法回到現實中的那棟房子與我所熟知的世界。我覺得自己一定要回去。他能夠諒解，並說他會一直在那裡等我回來。他讓我轉過身去，指出經由傳送通道器的回程之路。我跨一步，回到了大宅。

　　樓下傳來聲響，大家在搬東西進屋。我跑下樓的時候經過B的身邊（另一位負責打掃的人）。他沒說話，但朝著我邪邪一笑，讓我感到非常不舒服。正當我想弄清楚剛剛發生什麼事的時候，我看到一位白髮及肩的女性，走過去之後就不見了。

我聽見有人叫她「米莉」，還說她到了另一個世界。我追著她，拚命想要問她究竟知道什麼，但只瞥見她轉了個彎。我追著她上樓，跑過長長的走廊，來到一個房間。當我走到時，她卻不見了，消失在另一個世界！

我打算下樓，但在經過自己的房間時，又被拋入雪白世界，看到 X 和他的朋友。X 說他們一直在等我。他給了我一個長而溫暖的吻，指著一台車子告訴我要載我去逛逛。我覺得很困惑，真的很想跟他走，但又很明白如果這麼做就回不去了。我背過身想做出決定，下一刻卻發現我回到大宅裡自己的房間。

我下樓，發現樓下很熱鬧。大家忙著把東西搬進房子裡，家具、食物，各式各樣的東西。客廳裡聚集了一大群人。我走進旁邊的小廳，看到了我學習佛教的老師。她穿著棕色長袍，安安靜靜地坐在角落的一張小椅子上。這個時候我感覺到，這幢大宅裡到處都是像我之前發現的那種傳送通道口。我感覺到，等大家把自己的東西都搬進來，住下來之後，傳送通道口就會消失。我感覺事態緊急，我必須在大家讓我的傳送通道口消失之前，決定怎麼做。我試著向老師解釋自己的兩難，但她沒有什麼回應。我走來走去，盯著房間裡滿滿的東西。我的注意力落在一張小桌子上的藍色針插，彷彿想要記住這個世界的一點一滴，帶著記憶去到另一個世界。後來我衝出房間，跑上

樓，想要再次找到 X。我跨入房門，覺得自己就要進入雪白世界，但在下一秒醒了過來。

我再次入睡，那個晚上又做了兩次完完全全一模一樣的夢。每一次發生的事情順序都一樣，只不過大宅裡的人和東西一次比一次多，而 X 和另一個世界則一次比一次更吸引人。

長夢，其實就和神話一樣，帶有許多我們慣常以為與個人無關的偉大神話所產生的力量與影響。我有個印度教的朋友，在我解釋了他擁有過那些夢的力量後，驚訝地喊道：「原來我一直忽略了神，但居然自己不知道！」沒錯，神和神話的語言，其實比我們這些現代心智所認知的，更接近我們所有人。

所謂的夢，對於上述的現代女性來說就是神話，而且我們可以看到這個夢和艾洛斯與賽姬的故事，在形式上有多麼相似，又多麼不同。我們擁有與兩千五百年前的人一樣的心理結構（又或是他們擁有與我們同樣的結構？），但也不可否認，這麼長的時間當中，經過了許多的演化。現代神話承載了人性結構中令人敬畏的一貫性，也描述了獨特現代的特定焦點。從這個角度來說，夢境中的每個細節都值得觀察。

艾洛斯與賽姬的問題可以濃縮成一個單詞：階層。賽姬所有的旅程、任務與奮鬥，用階層去分析會更好理解。她在天與地、死亡與永生、人與神之間來來去去。這些對立面最終融合

在一起，賽姬獲得了勝利。所有的奮鬥掙扎都是為了與作用在自己身上的各種階層調解妥協。

關於階層的問題，同樣的緊急狀況也出現在現代的夢境。夢境的主人不知道上下這些階梯多少次！整個夢境環繞在人類的平凡世界與靈性的雪白世界之間，產生交互影響。人類本身和情境，與神靈之間互動影響。賽姬，不管是在兩千五百年前或是現在，都在努力成為這許許多多階層之間的媒介。任何一位表情堅毅、帶著孩子去看病的現代母親，都是現代的賽姬，在自己的愛人與現代生活排山倒海的實際面向之間取得平衡。賽姬的任務只在細節方面古今不同。

女性可能在某天醒來，發現了美麗與聖光，但不知道是該感謝這樣的領悟，還是懇求眾神回到屬於袍們的地方，讓自己完成今天應該完成的人類工作。艾洛斯可以突然把我們帶到他的光輝世界，讓我們懷疑自己究竟還有多少體力可以應付現實世界的紅綠燈。這樣的衝突才是真正的神話！無法處理階層問題，就代表無法進行內在深入的演化歷程。

現代的賽姬立刻就面臨任務，這代表古代神話大部分的工作對她來說都已經完成。她歷經了青春期的特別與疏離，像是雙面刃一樣的婚姻，油燈點亮、失去天真，一切都已經完成。夢境從她的任務開始，分類清理兩層樓的大宅，然後突然闖入幻象世界。感覺上內在世界出現了緊急需求，必須將天與地兩

個世界連結起來。真希望天堂能夠等到孩子都長大，或是生活比較穩定一點！但是天堂沒有要等待的跡象。她從現實的世界被丟到幻象的雪白世界中，害怕自己如果放膽去探索，會回不了現實時空的世界。這非常危險，很容易落入二擇一的邏輯陷阱。榮格曾說，中世紀的人思考是二擇一，但現代人的思考是兩者皆要。真正的現代人不會只為了追尋靈性成長而跑去修道院或喜馬拉雅山，也不會完全將自我投入家庭、工作與實際生活。真正的現代心智，首要任務就是必須忍受靈性與實際面向同時組成自己人生的框架。夢境主人勇敢接受這個事實，她的夢境便是在表達這種兩者皆要的心境。

　　夢境沒有完結，很正常，因為夢境主人還沒走到人生的中間點。她要花上下半輩子進行融合，讓天與地的元素融合出能夠運行的結論。古老神話中是以生下取名為「歡樂」的女兒為承諾。等到一個人成長得夠聰明、夠強壯，互相征戰、造成許多苦難與焦慮的元素，就會變成互補元素，產生偉大的藝術作品，也就是你的人生。

參考文獻

Bolen, Jean Shinoda. *Gods in Everyman.* San Francisco: Harper & Row, 1989.

Campbell, Joseph. *The Hero with a Thousand Faces.* Princeton: Princeton University Press, 1968.

Jung, Carl G. *Man and His Symbols.* Garden City, N.Y.: Doubleday, 1969.

————. *Memories, Dreams, Reflections.* New York: Random House, Inc., 1961.

Jung, Emma, and Von Franz, Marie-Louise. *The Grail Legend.* A C. G. Jung Foundation Book. New York: G.P. Putnam's Sons, 1970.

Kelsey, Morton T. *Encounter with God.* Minneapolis, Minn.: Bethany Fellowship, Inc., 1972.

Sanford, John A. *The Man Who Wrestled with God.* Ramsey, N.J.: Paulist Press, 1981.

Sanford, John A., and Lough, George. *What Men Are Like.* Ramsey, N.J.: Paulist Press, 1981.

Whitmont, Edward, C. *The Symbolic Quest.* Princeton: Princeton University Press, 1978.

Bolen, Jean Shinoda. *Goddesses in Everywoman*. San Francisco: Harper & Row, 1985.

De Castillego, Irene C. *Knowing Woman*. New York: Harper & Row, 1974.

Grant, Toni. *Being a Woman*. New York: Random House, 1988.

Grinnell, Robert. *Alchemy in a Modern Woman*. New York: Spring Publications, 1973.

Harding, M. Esther. *The Way of All Women*. New York: Harper & Row, 1975.

Layard, John. *The Virgin Archetype*. New York: Spring Publications, 1972.

Leonard, Linda Schierse. *On the Way to the Wedding*. Boston: Shambhala, 1986.

Lewis, C. S. *Till We Have Faces*. New York: Harcourt Brace, 1957.

Neumann, Erich. *Amor and the Psyche*. Princeton: Princeton University Press, 1971.

Von Franz, Marie-Louise. *Problems of the Feminine in Fairytales*. New York: Spring Publications, 1972.

Weaver, Rix. *The Old Wise Woman*. New York: G.P. Putnam's Sons, 1973.

Woodman, Marion. *The Pregnant Virgin*. Toronto, Inner City Books, 1985.

關於作者

　　羅伯特・強森 Robert A. Johnson（1921-2018），美國榮格分析師、作家。生於奧勒岡州的波特蘭市。畢業於奧勒岡大學（University of Oregon）與史丹佛大學（Stanford University）。他的童年並不順遂，父母婚姻失敗，十一歲腿傷瀕死，並經歷神祕經驗。年輕的他有著無法排解的寂寞之苦，先後求教印度籍精神導師克里希那穆提（Jiddu Krishnamurti）與日本禪師鈴木大拙。1947 年接受榮格分析師弗里茨・肯克爾（Fritz Künkel）的分析治療。

　　而後他前往瑞士蘇黎世榮格學院，在那裡，榮格憑著強森的夢境，給了他重要的人生方向：「……這是一次非凡的經歷。他告訴我，要和自己在一起，不要結婚，不要參與任何事情。他說『集體無意識將支持你』……」強森不僅心靈得到療癒，他還找到了工作——成為心理分析師。當時，榮格的太太艾瑪・榮格（Emma Jung）是他的主要分析師，在肯特爾（Künkel）、托尼・薩斯曼（Tony Sussman）的協助下，他完成分析師訓練，並於五〇年代初與海倫・盧克（Helen Luke）在洛杉磯建立分析機構。

六〇年代初期，強森結束執業，至密西根州聖格雷戈里修道院的三河修道院（St. Gregory's Abbey, Three Rivers）待了四年，1967 年返回加州重啟心理治療的舊業。他曾於聖地牙哥的聖保祿教堂（St. Paul's Cathedral）講課，並與身兼美國聖公會牧師與榮格分析師約翰・桑福德（John A. Sanford）有密切的合作關係。

強森也將更多的關注轉向內在心靈，逐漸轉化了他的寂寞感。他體會到中世紀神祕術士所說的話：「寂寞的解方是孤獨（aloneness）。」因為孤獨，我們能更親近心靈，心靈豐厚了的他，感覺生命中彷彿有某種召喚，像是許多的細線（slender threads）在牽引，引領人走在使自己更完整的道途。

強森著迷於神話，擅長以神話故事演繹人類心理，他尤其喜歡十二世紀的神話，認為那是西方現代心靈的源頭，能從中檢視文化加諸我們的困境。1974 年一場於聖地牙哥聖保祿教堂，以十二世紀神話的解析男性心理的演講，被謄錄、編輯成《他：理解男性的心理學》（*He: Understanding Masculine Psychology*）一書出版，開啟了強森百萬暢銷書作者的生涯，他陸續出版了《她：理解女性的心理學》（*She: Understanding Feminine Psychology*）（按：後這兩本的中文版合為一書，即為本書《他與她：從榮格觀點探索男性與女性的內在旅程》）、《戀愛中的人：榮格觀點的愛情心理學》（*We: Understanding the Psychology of Romantic Love*）、《與內在對話：夢境・積極想像・自我轉化》（*Inner Work: Using Dreams and Active Imagination for Personal Growth*）、《擁抱自身陰影：理解心靈的黑暗面》（*Owning Your Own Shadow: Understanding the Dark Side of the Psyche*）等十餘冊書。而他的傳記性作品《平衡天堂與人間：關於靈視、夢境與現實的回憶錄》（*Balancing Heaven and Earth: A Memoir of Visions, Dreams, and Realizations*）則揭露他迷人而神祕的個人生活，讓人看見他從十一歲瀕死經驗起的畢生靈性旅程，如何醞釀他強大而豐富的心靈世界。

　　榮格曾說，他的思想並非發明，只是再次示現古老的智慧；而強森，則擅長將此示現以詩意的行文，深入淺出地帶下專業講台，帶到你我身邊，讓人們失落的靈魂將不知不覺得到滋養，受到鼓舞，勇敢向心靈的鄉土前行。

延伸閱讀

- 《男人・英雄・智者：男性自性追尋的五個階段》（2021），莫瑞・史丹（Murray Stein），心靈工坊。
- 《與內在對話：夢境・積極想像・自我轉化》（2021），羅伯特・強森（Robert A. Johnson），心靈工坊。
- 《戀愛中的人：榮格觀點的愛情心理學》（2020），羅伯特・強森（Robert A. Johnson），心靈工坊。
- 《孤兒：從榮格觀點探討孤獨與完整》（2020），奧德麗・普內特（Audrey Punnet），心靈工坊。
- 《榮格的最後歲月：心靈煉金之旅》（2020），安妮拉・亞菲（Aniela Jaffé），心靈工坊。
- 《遇見榮格：1946-1961談話記錄》（2019），愛德華・貝納特（E. A. Bennet），心靈工坊。
- 《夢與幽冥世界：神話、意象、靈魂》（2019），詹姆斯・希爾曼（James Hillman），心靈工坊。
- 《積極想像：與無意識對話，活得更自在》（2018），瑪塔・提巴迪（Marta Tibaldi），心靈工坊。
- 《夢，沉睡的療癒力：從解夢到自我追尋》（2018），李香

盈，心靈工坊。

- 《永恆少年：從榮格觀點探討拒絕長大》（2018），瑪麗-路薏絲・馮・法蘭茲（Marie-Louise von Franz），心靈工坊。

- 《公主變成貓：從榮格觀點探索童話世界》（2018），瑪麗-路薏絲・馮・法蘭茲（Marie-Louise von Franz），心靈工坊。

- 《童話中的女性：從榮格觀點探索童話世界》（2018），瑪麗-路薏絲・馮・法蘭茲（Marie-Louise von Franz），心靈工坊。

- 《源氏物語與日本人：女性覺醒的故事》（2018），河合隼雄，心靈工坊。

- 《神話心理學：來自眾神的處方箋》（2018），河合隼雄，心靈工坊。

- 《與狼同奔的女人【25週年增訂版】》（2017），克萊麗莎・平蔻拉・埃思戴絲（Clarissa Pinkola Estés），心靈工坊。

- 《公主走進黑森林：榮格取向的童話分析》（2017），呂旭亞，心靈工坊。

- 《附身：榮格的比較心靈解剖學》（2017），奎格・史蒂芬森（Craig E. Stephenson），心靈工坊。

- 《紅書：讀者版》（2016），卡爾・榮格（C. G. Jung），心靈工坊。

- 《解讀童話：從榮格觀點探索童話世界》（2016），瑪麗-路薏絲‧馮‧法蘭茲（Marie-Louise von Franz），心靈工坊。
- 《靈魂密碼：活出個人天賦，實現生命藍圖》（2015），詹姆斯‧希爾曼（James Hillman），心靈工坊。
- 《靈性之旅：追尋失落的靈魂》（2015），莫瑞‧史丹（Murray Stein），心靈工坊。
- 《被遺忘的愛神：神話、藝術、心理分析中的安特洛斯》（2015），奎格‧史蒂芬森（Craig E. Stephenson），心靈工坊。
- 《纏足幽靈：從榮格心理分析看女性的自性追尋》（2015），馬思恩（Shirley See Yan Ma），心靈工坊。
- 《英雄之旅：個體化原則概論》（2012），莫瑞‧史丹（Murray Stein），心靈工坊。
- 《共時性：自然與心靈合一的宇宙》（2012），約瑟夫‧坎伯瑞（Dr. Joseph Cambray），心靈工坊。
- 《榮格人格類型》（2012），達瑞爾‧夏普（Daryl Sharp），心靈工坊。
- 《榮格心理治療》（2011），瑪麗-路薏絲‧馮‧法蘭茲（Marie-Louise von Franz），心靈工坊。
- 《榮格解夢書》（2006），詹姆斯‧霍爾博士（James A. Hall, M.D.），心靈工坊。

- 《榮格論心理學與宗教》（2020），卡爾‧榮格（C. G. Jung），商周出版。
- 《千面英雄：70年經典新編紀念版，從神話學心理學到好萊塢編劇王道》（2020），喬瑟夫‧坎伯（Joseph Campbell），漫遊者文化。
- 《希臘羅馬神話：永恆的諸神、英雄、愛情與冒險故事》（2020），伊迪絲‧漢彌敦（Edith Hamilton），漫遊者文化。
- 《佛洛伊德經典套書：夢的解析（新版）＋精神分析引論（新版）》（2019），西格蒙德‧佛洛伊德（Sigmund Freud），左岸文化。
- 《榮格論自我與無意識》（2019），卡爾‧榮格（C. G. Jung），商周出版。
- 《男人的四個原型：暢銷20年經典，榮格學派帶你剖析男性心理》（2019），羅伯特‧摩爾（Robert L. Moore）、道格拉斯‧吉列特（Douglas Gillette），橡實文化。
- 《榮格論心理類型》（2017），卡爾‧榮格（C. G. Jung），商周出版。
- 《童話心理學：從榮格心理學看格林童話裡的真實人性》（2017），河合隼雄，遠流。
- 《榮格心靈地圖（三版）》（2017），莫瑞‧史丹（Murray

Stein），立緒。

- 《認識人性》（2017），阿爾弗雷德・阿德勒（Alfred
  Adler），商周出版。
- 《榮格自傳：回憶・夢・省思》（2014），卡爾・榮格（C.
  G. Jung），張老師文化。
- 《人及其象徵：榮格思想精華》（2013），卡爾・榮格（C.
  G. Jung），立緒。
- 《神話的智慧：時空變遷中的神話》（2006），瑟夫・坎伯
  （Joseph Campbell），立緒。
- 《神話：內在的旅程，英雄的冒險，愛情的故事》
  （1997），喬瑟夫・坎伯（Joseph Campbell）、比爾・莫伊
  爾斯（Bill Moyers）立緒。

PsychoAlchemy 028

他與她：
從榮格觀點探索男性與女性的內在旅程
He: Understanding Masculine Psychology, revised edition;
She: Understanding Feminine Psychology, revised edition
作者——羅伯特・強森（Robert A. Johnson）
譯者——徐曉珮

出版者—心靈工坊文化事業股份有限公司
發行人—王浩威　總編輯—徐嘉俊
特約編輯—周旻君　責任編輯—饒美君
封面設計—羅文岑　內頁排版—龍虎電腦排版公司
通訊地址—10684 台北市大安區信義路四段 53 巷 8 號 2 樓
郵政劃撥—19546215　戶名—心靈工坊文化事業股份有限公司
電話—02）2702-9186　傳真—02）2702-9286
Email—service@psygarden.com.tw　網址—www.psygarden.com.tw

製版・印刷—中茂分色製版印刷股份有限公司
總經銷—大和書報圖書股份有限公司
電話—02）8990-2588　傳真—02）2290-1658
通訊地址—248 新北市新莊區五工五路二號
初版一刷—2021 年 3 月　初版六刷—2024 年 9 月
ISBN—978-986-357-205-3　定價—340 元

HE: Understanding Masculine Psychology, revised edition;
SHE: Understanding Feminine Psychology, revised edition
by Robert A. Johnson
Copyright © 1989 by Robert A. Johnson
Complex Chinese Translation copyright © 2021
by PsyGarden Publishing Co.
Published by arrangement with HarperCollins Publishers, USA
through Bardon-Chinese Media Agency
博達著作權代理有限公司
ALL RIGHTS RESERVED
版權所有・翻印必究。
如有缺頁、破損或裝訂錯誤，請寄回更換。

國家圖書館出版品預行編目資料

他與她：從榮格觀點探索男性與女性的內在旅程 / 羅伯特.強森著；徐曉珮譯 . -- 初版 .
-- 臺北市：心靈工坊文化事業股份有限公司, 2021.03
　面；　公分
　譯自：He: understanding masculine psychology; She: understanding feminine psychology.
　ISBN 978-986-357-205-3(平裝)

1. 成人心理學 2. 精神分析

173.3　　　　　　　　　　　　　　　　　　　　　　　　110001544

書系編號─PsychoAlchemy 028　　書名─他與她：從榮格觀點探索男性與女性的內在旅程

姓名＿＿＿＿＿＿＿＿＿　　是否已加入書香家族？□是 □現在加入

電話 (O)　　　　(H)　　　　　　手機

E-mail　　　　生日　年　　月　　日

地址 □□□

服務機構　　　　　職稱

您的性別─□1.女 □2.男 □3.其他

婚姻狀況─□1.未婚 □2.已婚 □3.離婚 □4.不婚 □5.同志 □6.喪偶 □7.分居

請問您如何得知這本書？
□1.書店 □2.報章雜誌 □3.廣播電視 □4.親友推介 □5.心靈工坊書訊
□6.廣告DM □7.心靈工坊網站 □8.其他網路媒體 □9.其他

您購買本書的方式？
□1.書店 □2.劃撥郵購 □3.團體訂購 □4.網路訂購 □5.其他

您對本書的意見？
□ 封面設計　1.須再改進 2.尚可 3.滿意 4.非常滿意
□ 版面編排　1.須再改進 2.尚可 3.滿意 4.非常滿意
□ 內容　　　1.須再改進 2.尚可 3.滿意 4.非常滿意
□ 文筆／翻譯　1.須再改進 2.尚可 3.滿意 4.非常滿意
□ 價格　　　1.須再改進 2.尚可 3.滿意 4.非常滿意

您對我們有何建議？

心靈工坊
∠|Ps∮Garden|

10684台北市信義路四段53巷8號2樓
讀者服務組　收

免　　貼　　郵　　票

（對折線）

加入心靈工坊書香家族會員
共享知識的盛宴，成長的喜悅

請寄回這張回函卡（免貼郵票），
您就成為心靈工坊的書香家族會員，您將可以——

⊙隨時收到新書出版和活動訊息

⊙獲得各項回饋和優惠方案